당신의 포트폴리오에
비트코인을 담아라

당신의 포트폴리오에

비트코인을 담아라

한태봉 지음

머리말

투자 관점에서 비트코인을 분석해보자

여전히 비트코인은 격렬한 논쟁의 중심에 서 있다. '사기'라는 주장과 향후 엄청나게 상승할 '디지털 금'이라는 주장이 팽팽히 맞서고 있다. 비트코인이 나온 지는 이미 12년이 지났고 여전히 망하지 않고 건재하다. 오히려 비트코인의 가격이 급상승하고 있다. 미국에서는 기관 투자자들이 적극적으로 비트코인 매수에 가담하고 있다.

이제 비트코인을 투자자산의 하나로 인정하자

2021년에 들어서면서 비트코인은 물론이고 가상자산(암호화폐) 시장 전체가 폭발적으로 성장하고 있다. 누군가는 아직 일반인들에게 익숙하지 않은 용어인 디파이DeFi, NFT(대체불가능토큰), 차익거래를 활용해 막대한 돈을 쓸어 담고 있다. 하지만 비전문가들이 뛰어들기에는 너무 어렵고 위험한 부분이 있다. 그렇다면 중간지대는 어디일까? 다시 비트코인이다. 그래서 이 시점에서 투자금융업 경력자 중 누군가는 투자 관점에서 비트코인에 대해 한번 정리할 필요가 있다고 생각했다. 비트코인을 투자자산 중의 하나로 인정하고 일반 투자자들의 자산 포트폴리오에 편입하는 전략에 대해서 다루어보고 싶었다.

이 책은 비트코인에 대해 잘 모르는 초보 독자들을 대상으로 썼다. 그래서 비트코인이나 가상자산 시장에 이미 많은 돈을 투자하고 있고 깊이 연구해온 전문 투자자들에게는 큰 도움이 되지 않을 것이다. 하지만 아직 비트코인에 투자하지 않았거나 소액만 투자했거나 중소형 코인에만 투자한 투자자들에게는 도움이 될 거라고 믿는다. 색다른 시각으로 비트코인을 대하는 필자의 생각을 공유해 새로운 아이디어를 얻어 보자.

비트코인을 모르면 자산 격차가 생길 수 있다

필자의 오랜 경험으로 볼 때 부동산, 해외주식, 국내주식 등의 투자상품에 대한 지식의 수준은 사람마다 극도의 편차를 보인다. 중요한 건 지금 당장 투자를 하지 않더라도 다양한 투자상품에 대한 기본 지식을 갖추어야 향후 재테크 방향을 설정할 때 균형감각을 가질 수 있다. 비트코인 또한 마찬가지다. 비트코인을 모르는 사람은 거의 없다. 하지만 비트코인에 대한 실제 지식의 수준은 20대, 30대, 40대, 50대의 나이별과 투자 여부 등에 따라 큰 격차가 벌어지고 있다. 이제 비트코인을 모르면 재테크 시장의 흐름을 따라가기 어려운 세상이 오고 있다.

꼭 투자 목적이 아니더라도 이 책을 통해 디지털 금으로 인정받는 비트코인의 가능성에 대해 조금이라도 알게 된다면 앞으로 재테크 설계를 할 때 큰 도움이 될 거라고 확신한다. 필자 혼자 제한된 시간에 방대한 내용을 정리하다 보니 정확하지 않은 내용이나 수치들이 포함됐을 수도 있다. 독자분들의 너그러운 양해를 부탁드린다. 끝으로 이 책이 나오기까지 격려를 아끼지 않은 소중한 가족에게 감사의 인사를 전한다.

미래는 변화무쌍하고 기회는 누구에게나 공평하게 열려 있다. 모쪼록 이 책을 통해 비트코인에 대한 지식을 넓혀 미래의 부를 준비해 가길 바란다. 독자분들의 행운을 빈다.

2021년 4월
한태봉

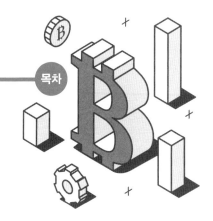

3장
금은 정말 안전자산일까

4장
비트코인은 디지털 금일까

8장
비트코인은 어떻게 살까

[부록] 왜 비트코인은 폭등한 것일까

1장

머니 무브가 시작됐다

1

당신의 포트폴리오에는
비트코인이 있는가

당신에게는 지금 비트코인이 있는가? 아마 있거나 없거나 둘 중 하나일 것이다. 필자는 이 책을 통해 비트코인의 미래 가능성에 관해 설명하고자 한다. 이제부터 왜 자산 포트폴리오 안에 비트코인을 넣는 것이 효율적인지에 대해 살펴보도록 하자.

당신은 혹시 화폐를 좋아하고 신뢰하는가? 화폐, 즉 현금이 최고의 자산이라고 생각하는가? 그렇다면 미안하지만 당신은 부자가 아닐 가능성이 크다. 기본적으로 부자들은 화폐보다 실물자산을 선호한다. 반면에 화폐를 선호하는 사람들은 두 가지 특징이 있다. 첫 번째는 은행예금을 좋아하고 두 번째는 대출을 경멸한다. 그러면 벼락거지를 면하기 어렵다. 2020년을 지나며 우리 사회에는 신조어로 벼락거지란 단어가 등장했다. 벼락거지란 부동산이나 주식 등의 자산 가

독자 포트폴리오 점검

	질문	점수
1	자기 집이 있는가?	60점
2	집을 사기 위해 대출을 받았는가? (주식담보대출은 감점 10점)	10점
3	초우량 해외주식에 투자하는가?	20점
4	초우량 국내주식에 투자하는가?	5점
5	비트코인에 투자하는가?	5점
	합계	100점

격 상승기에 현금과 예금만 가지고 있어 자산 가격 상승의 혜택을 보지 못한 처지를 자조적으로 표현한 말이다.

필자의 지극히 주관적인 다섯 가지 질문으로 당신의 포트폴리오를 같이 점검해보자. 다음 질문에 대한 대답이 모두 "예스"라면 당신은 이미 큰돈을 벌었을 것이다. 반대로 단 하나도 "예스"가 아니라면 당신은 소위 벼락거지일 가능성이 크다.

첫 번째 질문은 자기 집이 있는지 여부다. 내 집이 있다면 일단 60점을 획득한다. 집만 있어도 화폐 가치 하락을 상당 부분 보전할 수 있기 때문이다. 부동산은 최고의 인플레이션 헤지 수단이다. 물론 입지에 따라 많은 차이가 나겠지만 일단 입지는 무시하고 가볍게 시작해 보자.

두 번째 질문은 집을 사기 위해 대출을 받았는지 여부다. 만약 당신이 집을 사기 위해 대출을 받았다면 추가로 10점을 획득한다. 적절

한 대출 활용은 화폐 가치가 폭락하는 지금 시대에 반드시 필요하다. 만약 당신이 대출을 죄악시한다면 당신의 포트폴리오는 최고라고 할 수 없다. 단, 주식을 담보로 대출받는 것은 반대한다. 금리도 높고 매우 위험하기 때문이다. 주식이 폭락하면 반대매매를 당할 위험도 있다. 주식담보대출의 경우는 감점 10점이다.

세 번째 질문인 초우량 해외주식에 투자한다면 추가로 20점을 획득한다. 1등 해외주식 투자는 이제 선택이 아니라 필수다. 앞으로도 글로벌 1등 기업들은 꾸준히 상승할 가능성이 크다. 미국과 중국에서는 계속해서 혁신기업이 탄생해 주식투자자들에게 큰 기쁨을 선사할 것이다.

네 번째 질문인 초우량 국내주식에 투자한다면 추가로 5점을 획득한다. 국내주식 중에서도 글로벌 시장을 선도하는 훌륭한 회사들이 일부 존재한다. 해외주식보다 세금이 절감되는 것도 장점이다. 하지만 국내주식의 경우 글로벌 1등 주식들보다는 안정성이 떨어진다는 점에서 높은 배점을 부여하진 않았다.

위 4개 질문에 대한 독자들의 대답이 다 "예스"라고 해도 합계점수는 95점이다. 아직 100점이 아니다. 필자는 이것만으로는 절대 100점을 줄 수 없다. 그 이유는 바로 당신에게 비트코인이 있는지를 확인하지 못했기 때문이다.

만약 다섯 번째 질문인 "비트코인에 투자하는가?"에 대한 당신의 대답이 "예스"라면 당신은 5점을 더 획득해 드디어 100점 만점이 된다. 물론 여기서도 감점은 있다. 필자는 가상자산이 아니라 비트코인에 투자하는지를 물었다. 가상자산에는 투자하지만 비트코인은 가지고 있지 않다면 감점 5점이다(가상자산 시가총액 2위인 이더리움까지는 괜찮다고 인정한다).

비트코인은 아직 검증되지 않은 위험자산이라는 평가가 지배적이다. 하지만 필자는 당신의 포트폴리오에서 5%는 비트코인으로 채워져 있어야 한다고 생각한다. 이에 대해서는 뒤에서 찬찬히 알아보기로 하고 먼저 부동산부터 이야기해보자.

필자는 포트폴리오에 점수를 매길 때 부동산 분야에 무려 60점이나 배정했다. 대출 가산점 10점까지 포함하면 100점 만점에 무려 70점이나 부동산 쪽에 배정했다. 그 근거는 뭘까?

우리나라에서 부동산은 절대적인 믿음이다. 우리나라 표본가구의 자산 구성 비율을 살펴보면 부동산 비중이 72%에 달한다. 전월세 보증금까지 포함하면 무려 78%다. 우리 국민들의 자산 대부분이 부동산으로 구성돼 있다는 것이 이 조사자료의 명확한 결론이다.

가구당 자산 구성 비율(2020년 3월 31일 기준)

	부동산 (소유)	부동산 (전월세 보증금)	저축액	기타자산	합계
자산 구성 비율	72%	6%	17%	5%	100%

(출처: 통계청, 가계금융 복지조사 결과, 소수점 반올림)

2

왜 10년간 예금을 했는데
벼락거지가 됐을까

근로소득과 자산소득 중에 어떤 게 더 빨리 상승할까? 근로소득이 상승하려면 임금 상승률이 높아져야 하고 자산소득이 상승하려면 자산가격 상승률이 높아져야 할 것이다. 결론은 너무나 뻔하다. 시간이 갈수록 근로소득보다 자산소득이 급격하게 상승하고 있다. 왜 그럴까?

근로소득이 올라가려면 사람의 가치가 올라가야 한다. 그런데 IT 자동화와 인공지능의 등장으로 사람의 노동 가치는 계속 떨어지고 있다. 이제 우리는 돈을 보내기 위해 은행에 가지 않고 주식을 사기 위해 증권사에 가지 않는다. 스마트폰으로 모든 것을 다 해결한다. 일상의 많은 것들이 자동화되고 있다. 그렇다면 자산의 가치가 오르는 이유는 뭘까? 사실은 자산 가치가 올라가는 게 아니다. 화폐 가치가 무섭게 폭락한다는 게 더 정확하다.

우리는 어릴 때부터 근로소득을 높이기 위해 노력해왔다. 좋은 대학에 가기 위해 밤낮 없이 공부했고 대기업에 입사하기 위해 또는 전문직인 의사, 변호사, 세무사나 안정적인 공무원과 같은 직업을 갖기 위해 도서관과 학원에서 살아야 했다. 좋은 대학을 나오고 좋은 직업을 가져야만 근로소득을 높일 수 있기 때문이다. 근로소득은 소중하다. 하지만 만약 당신이 회사 일에만 모든 걸 다 바쳐 근로소득을 높이는 데만 최선을 다한다면 어떻게 될까? 근로소득은 내 생활을 유지해주는 소중한 소득이지만 그것만으로는 절대 부자가 될 수 없다.

2020년 주요 자산 상승률 현황

	2019년 말	2020년 말	상승률
비트코인	830만 원	3,150만 원	280%
코스닥(한국)	670포인트	968포인트	45%
나스닥(미국)	8,972포인트	12,888포인트	44%
코스피(한국)	2,197포인트	2,873포인트	31%
금 ETF	143달러	178달러	24%
전국 아파트 지수(한국)	103.4포인트	122.5포인트	18%
스탠더드앤드푸어스500(미국)	3,231포인트	3,756포인트	16%
상하이종합(중국)	3,050포인트	3,473포인트	14%
미국 부동산(실러 지수)	212	234	10%
WTI 원유	61달러	48달러	△21%

(출처: 금 ETF, 미국 상장 SPDR 골드 트러스트, 각 거래소, 한국감정원 등)

특히 지금과 같이 화폐 가치가 폭락하고 자산소득이 폭등하는 시대에는 자칫하면 혼자 뒤처지기 쉽다.

앞의 표를 살펴보면 2020년에는 거의 모든 자산이 폭등했다. 특히 한국의 자산시장은 평년과 다르게 유독 특이했다. 코스피 지수 상승률은 무려 31%로 미국 스탠더드앤드푸어스500 지수 상승률 16%를 압도했다. 코스닥 지수 상승률은 무려 45%로 미국 나스닥 지수 상승률 44%를 뛰어넘은 역사적으로 이례적인 한 해였다.

전국 아파트 가격마저 18%라는 놀라운 상승률을 보여 미국의 부동산(실러 지수) 상승률 10%를 압도했다. 그렇게 보니 우리나라에 존재하는 모든 자산 가격이 다 폭등한 느낌이 든다. 반대로 얘기하면 우리의 화폐 가치가 그만큼 하락했다고도 해석할 수 있다. 그래서 아무 자산이 없는 사람들은 벼락거지가 됐다는 느낌을 받는 것이다.

그렇다면 주요 자산 중에서 가장 최악의 수익률을 보였던 자산은 뭘까? 바로 WTI 원유선물로 연초 61달러에서 연말 48달러로 21% 폭락하는 부진을 보였다. 재미있는 건 2020년 4월에는 WTI 선물지수가 장중에 마이너스 40달러까지 대폭락했다는 사실이다. 국내 일부 증권사에서는 전산 프로그램이 마이너스를 인식하지 못해 오류가 나는 사건이 일어났을 정도다.

2020년에 가장 최고의 수익률을 보였던 자산은 뭘까? 바로 비트코인이다. 280%의 연수익률을 보여주며 다른 모든 자산의 소소한 수익률을 화끈하게 눌러버렸다. 2020년 군계일학의 수익률을 낸 비트코인을 당신은 혹시 가지고 있는가?

3

부동산 세금 폭탄을 피해
투자의 방향이 바뀐다

그동안 우리나라에서 돈을 버는 방법은 아주 간단했다. 서울 아파트를 사면 됐다. 한 채를 사고 나서 여력이 생기면 한 채를 더 사고 또 한 채를 더 사는 식으로 많이 사면 살수록 돈을 벌었다. 그러다 보니 부동산 부자들은 변동성이 높아 스트레스가 심한 주식투자를 좋아하지 않는다.

혹시 이 책을 읽고 있는 독자는 서울에 아파트가 있는가? 그렇다면 당신은 이미 백만장자 대열에 들어갔다. 백만장자라는 게 별거 아니다. 100만 달러가 기준인데 원화로 약 11억 원이다. 그런데 서울 아파트 평균 매매가격이 2021년 2월 기준 9억 400만 원이다. 그러니 서울 아파트 한 채만 가지고 있어도 백만장자다.

지난 10년간 서울 아파트는 무려 92% 폭등했고 전국 아파트도

최근 10년 서울 아파트, 전국 아파트 실거래가격 지수(2020년 12월 31일 기준)

	서울 아파트 지수	상승률	전국 아파트 지수	상승률
2020년 말	157.5	21.7%	122.5	18.5%
2010년 말	82.2	–	79.9	–
10년 누적 상승률		92%	5	53%

(출처: 한국감정원 지역별 아파트 실거래가격 지수)

53%나 폭등했다. 10년 전에 서울 아파트를 10억 원에 사두었다면 지금 19억 2,000만 원이 돼 있다는 뜻이다. 특히 2020년의 서울 아파트 21.7% 폭등과 전국 아파트 18.5%의 폭등을 보니 정신이 번쩍 들 만큼 충격적이다.

그러던 부동산 부자들이 두 손 두 발을 다 들고 주식투자로 넘어오고 있다. 가장 큰 이유는 어마어마한 세금 때문이다. 서울에 똘똘한 아파트 한 채를 가지고 있는 사람이 추가로 새로운 아파트를 한 채 더 사게 되면 무지막지한 취득세와 양도소득세를 내야 한다. 게다가 종합부동산세마저 폭발적으로 상승해 다주택자들의 경우 그야말로 매년 세금 융단폭격을 맞게 된다. 2021년에 다주택자들은 아파트 공시가격을 확인하고는 모두 큰 충격에 빠졌다. 종합부동산세 폭탄을 직접 눈으로 확인했기 때문이다. 물론 정부는 부동산 투기를 방지할 목적으로 중과세를 하는 것이라서 정부를 비난만 할 수는 없다. 이제부터 부동산 투자를 결정할 때는 앞으로 남고 뒤로 밑지는 일이 없도록 세금을 잘 따져봐야 한다.

여기서 주요 투자상품별 세금을 계산해보자. 다음 표의 예시는 투자

10억 원의 투자 수익 발생 시 대략적인 세금 추정(2021년 6월 1일 기준)

	세율	양도차익	양도소득세	세후 수익금
서울 아파트 3주택자	6.6~82.5%	10억 원	7억 5,000만 원	2억 5,000만 원
서울 아파트 2주택자	6.6~71.5%	10억 원	6억 4,000만 원	3억 6,000만 원
서울 빌딩 보유자	6.6~49.5%	10억 원	4억 2,000만 원	5억 8,000만 원
해외주식(5종목 분산)	22%	10억 원	2억 2,000만 원	7억 8,000만 원
국내주식(5종목 분산)	0%	10억 원	없음	10억 원 전액
비트코인	0%	10억 원	없음	10억 원 전액

수익으로 10억 원을 벌었다고 가정했을 때의 대략적인 세금이다.

필자 개인적으로는 합리성과 형평성을 고려할 때 정부가 걷을 수 있는 세금의 최대 한계가 50%라고 생각한다. 그래야 국민과 정부가 투자 수익을 절반씩 나눠 갖기 때문이다. 하지만 2021년 6월 1일부터 적용될 부동산 세율을 보면 조정대상지역 3주택자는 최고 82.5%(지방세 포함), 2주택자는 최고 71.5%(지방세 포함)의 양도세율이 적용된다.

위의 표를 살펴보자. 만약 3주택자라면 서울 아파트에 투자해 10억 원을 벌었어도 세금이 무려 7억 5,000만 원이다. 그래서 내 손에는 고작 2억 5,000만 원이 남는다. 정부가 내 수익의 3배를 가져간다는 뜻이다. 서울 아파트에 투자할 이유가 없어졌다. 2주택자도 마찬가지다. 6억 4,000만 원의 세금을 내고 나면 나에게 3억 6,000만 원만 남는다. 그러다 보니 현명한 투자자들은 서울 아파트를 추가로 매수해 다주택자가 되는 어리석은 선택을 하지 않으려 한다. 그렇다면 빌딩은 어떨까? 역시 차익이 크면 최고세율이 49.5%(지방세 포함)로 만만치 않다.

국내주식 투자 시에는 세금을 얼마나 낼까? 아직 국내주식에 대한 세금은 비과세다. 하지만 우리나라에는 글로벌 1등 기업들이 많지 않기 때문에 투자 수익률은 생각보다 높지 않을 수 있다. 게다가 국내주식도 2023년부터는 5,000만 원을 초과하는 이익에 대해 22~27.5%의 양도세를 매긴다. 해외주식 투자는 어떨까? 단일 세율 22%가 적용돼 부동산 세율보다는 훨씬 저렴하다. 해외주식 투자는 국내주식 투자보다 글로벌 1등 기업들을 골라 자유롭게 투자할 수 있다는 매력이 있다. 그래서 필자는 전작인 『인공지능 시대 글로벌 1등 기업에 투자하라』에서 해외주식 투자의 중요성을 강조해왔다.

또 좋은 투자 수단으로는 뭐가 있을까? 바로 비트코인이다. 2021년 말까지는 세금이 전혀 없다. 0%다. 2022년부터는 22%의 양도세가 과세되지만 다주택자 양도세보다 세율이 훨씬 낮다는 점에 주목해야 한다. 게다가 서울 아파트는 살인적인 보유세를 내야 하지만 비트코인은 보유세가 전혀 없다.

4

소비자물가지수가 0%대인데
인플레이션은 없을까

"세상에는 세 가지 거짓말이 있다. 거짓말, 새빨간 거짓말, 그리고 통계다."

미국 소설의 아버지라 불리는 마크 트웨인이 한 말이다. 그의 주장으로 볼 때 미국에서도 오래전부터 통계자료가 신뢰받지 못했던 것 같다. 이제 통계와 관련된 상식을 한번 점검해보자.

10년간 소비자물가지수 상승률(2010년 말~2020년 말) (단위: %)

	2011	2012	2013	2014	2015	2016	2017	2018	2019	2020
소비자 물가지수	4.0	2.2	1.3	1.3	0.7	1.0	1.9	1.5	0.4	0.5
생활물가지수	4.4	1.7	0.7	0.8	△0.2	0.7	2.5	1.6	0.2	0.4

(출처: e-나라지표)

과거 10년(2010~2020년) 생활물가 주요 품목 상승률

품목	단위	2010년	2020년	상승률
돼지고기, (소고기)	정육 500그램	7,500(37,500)	10,000(50,000)	33%
계란	황란 상품 10개	2,850	5,990	110%
고등어(생)	중품 1킬로그램	3,400	5,830	71%
소주	360밀리리터, 1병	1,000	1,260	26%
담배	에쎄 엣지 1갑	2,500	4,500	80%
쌀(일반미)	중품 40킬로그램	6만 6,000	9만 6,200	46%
사과	중품 15킬로그램	4만 5,000	8만 9,100	98%
배	중품 15킬로그램	2만 8,000	4만 2,200	51%
시내버스	기본요금	1,000	1,200	20%
지하철	기본요금	900	1,250	39%
택시	기본요금	2,400	3,800	58%
무연휘발유	1리터	1,715	1,490	△13%
13개 주요 품목 10년 상승률 단순 평균				50%

(출처: 한국물가정보, 2020 종합물가총람, 필자 편집, 소주는 2019년 가격)

2020년에 전국 아파트 가격은 무려 18.5%가 폭등했다. 그런데 소비자물가지수는 고작 0.5% 상승에 그쳤다. 그 이유가 뭘까? 소비자물가지수에는 아파트 가격 상승이 포함되지 않기 때문이다. 그러니 소비자물가지수의 낮은 상승률에 현혹되는 순간 나 혼자 외롭게 벼락거지가 된다.

위의 표에서 '10년간 생활물가 주요 품목 상승률'을 유심히 살펴보

자. 어떤 품목을 선정하느냐에 따라 차이는 있겠지만 필자가 선정한 13개 품목의 10년간 평균 상승률은 50%였다. 이렇게 보니 소비자물가지수가 10년간 채 20%도 오르지 않았다는 발표 자료에 동의가 되는가? 그리고 2020년에 물가가 0.5%밖에 오르지 않았다는 발표를 받아들일 수 있는가?

이렇게 체감 물가상승률과 통계상의 물가상승률이 큰 차이를 보이는 현상은 우리나라뿐만이 아니다. 세계적으로 다 비슷하다. 그러니 각국 정부의 인플레이션 수치를 신뢰하기 어렵다. 우리는 현금이 생기면 화폐 대신 실물자산에 투자해야 한다. 그런데 실물자산에 세금이 너무 많이 매겨진다면? 다른 좋은 대안은 없을까? 있다. 바로 비트코인이다.

2장

화폐는 정말
영원할까

1
한국 화폐의 역사

우리는 원화를 쓰고 미국은 달러화를 쓰고 중국은 위안화를 쓰고 유럽은 유로화를 쓴다. 여기서 독자들에게 질문을 던져본다. 화폐는 과연 영원한 것일까?

6·25전쟁과 긴급통화조치

우리나라는 절묘한 지정학적 위치 때문에 역사적으로 주변 국가들의 공격을 자주 받았다. 너무 먼 과거로의 역사 여행은 자제하기로 하고 가까이에 있는 1900년도부터의 역사를 같이 살펴보자. 1900년 초반까지 조선에서는 상평통보가 화폐로 통용됐다. 1910년에 한일합방으로 대한제국이 망한 이후 1945년 8월 15일 광복이 될 때까지 35년간 우리는 일본의 식민 통치를 받았다. 이 시기에는 일본 제일은행에서 발행된 '엔'과 조선은행이 발행한 '조선 엔'이 화폐로 통용됐다.

다행히 1945년 8월에 일본이 패망하면서 우리나라는 해방됐다. 문제는 일본 정부가 미국과의 전쟁에서 패색이 짙어지던 1945년 8월에 도쿄에서 황급히 돈을 마구마구 찍어 우리나라로 공수해온 것이다. 이런 방식으로 발행된 화폐로 인해 우리나라의 총 화폐 유통량은 1개월 만에 기존의 2배 가까이 늘어났다. 화폐 유통량이 2배로 늘어나면 무슨 일이 일어날까? 당연히 화폐 가치가 폭락하고 초인플레이션이 발생한다. 급조해 발행된 화폐들은 일본인들의 본국 귀향 자금으로 활용됐다. 그리고 국내 친일 반민족 행위자들과 일본인 단체에도 마구 살포됐다.

그 결과 물가가 폭등하여 몇 달 사이에 생활물가가 10배 이상 폭등했다. 이로 인해 서민들은 극심한 식량난을 겪으며 어려운 시기를 보내야 했다. 이때 만약 화폐 대신 금을 가지고 있었다면 화폐 가치 하락을 방어할 수 있었을 것이다. 이런 이유로 광복 이후 경제는 극심한 혼란을 겪었다. '조선 엔'은 '원圜'이라는 이름으로 그대로 통용됐다. 이런 과도기적인 상황에서 5년이 지난 1950년 6월 25일에 북한군의 기습남침으로 한민족의 비극인 6·25전쟁이 시작됐다.

개전 3일 만에 서울에 진입한 북한군은 한국은행 본점을 점령한 뒤 지하 금고에서 미발행 조선은행권 '원'을 대량으로 발견했다. 북한군은 남한의 경제를 교란할 목적으로 이 화폐들을 불법으로 마구 발행해버렸다. 화폐 가치는 또다시 급락했다. 당시 조선은행권을 가지고 있던 국민은 보유한 화폐 가치가 폭락하는 걸 온몸으로 경험하게 된다. 물론 전쟁 중에 화폐 가치가 폭락하는 건 당연한 일이다. 하지만 이 경우는 엎친 데 덮친 격으로 전쟁 상황에서 위조지폐까지 유통되는 것과 다름없었다.

남한 정부는 적군인 북한군이 불법으로 제조한 화폐 문제를 해결하기 위해 1950년 8월 28일 대통령 긴급명령으로 '조선은행권 교환 및 유통에 관한 건'을 공포했다. 기존의 조선은행권을 새로 발행한 한국은행권과 1 대 1로 교환토록 하고 조선은행권의 유통을 정지하는 제1차 긴급통화조치였다. 조선은행권을 한국은행권으로 교환하려면 반드시 신분 확인을 거쳐야 했다. 북한군이 한국은행권으로 교환할 수 없게 한 것이다.

그 후 3년간의 기나긴 전쟁으로 경제는 폐허가 됐다. 남한 정부는 막대한 군사비 조달과 파괴된 생산시설 복구 비용으로 통화를 남발했다. 화폐 가치가 폭락했고 심각한 물가상승(인플레이션) 압력에 시달렸다. 이를 해결하기 위해 1953년 2월 15일에 제2차 긴급통화조치를 발표하고 기존의 대한민국 화폐였던 '원圓'을 '환圜'으로 변경하는 화폐개혁을 단행했다.

제1차 긴급통화조치와 다른 점은 교환 비율이 1 대 1이 아니라 화폐 액면 단위를 100분의 1로 낮춘 화폐 단위 절하(디노미네이션 denomination)였다는 점이다. 쉽게 설명하면 화폐 단위를 100원에서 1환으로 변경해 화폐 명칭이 바뀌었고 화폐 교환 비율도 100 대 1이 됐다.

그런데 왜 화폐 단위 절하를 한 걸까? 큰 폭의 물가상승으로 인해 화폐 표기의 숫자가 커짐에 따라 발생하는 경제적 불편함을 없애기 위해서였다. 예를 들어 지하철 요금이 물가상승으로 인해 1,000원에서 100만 원으로 인상됐다고 가정해보자. 옛날처럼 현금을 지니고 다녀야 한다면 지하철 요금 100만 원을 현금으로 직접 내는 건 매우 불편할 것이다. 물가상승으로 인해 발생한 계산과 지급의 불편함을 없애기 위해 화폐 단위 절하를 단행하는 경우가 많다.

당시 정부는 화폐개혁과 동시에 은행예금도 일정 금액을 강제로 동결하여 통화 증가 요인이었던 유엔군 대여금을 상환함으로써 통화량 급증을 억제해 급격한 물가상승을 저지하는 성과를 보이기도 했다.

박정희 군사정부의 화폐개혁과 실패

어느 날 할머니에게 물려받은 장롱을 뒤져보니 현금이 무더기로 나왔다면 어떨까? 아마 무척 기쁠 것이다. 그런데 그 화폐의 발행일이 만약 1960년이라면 그 화폐는 과연 지금 시대에도 사용할 수 있는 걸까?

정답은 사용할 수 없다. 우리가 지금 쓰는 '원WON' 화폐는 1962년 6월 10일부터 도입된 화폐다. 그래서 그 이전에 발행된 화폐는 한국은행에서 교환해주지 않는다. 그러나 슬퍼할 필요는 없다. 화폐 수집상에게 팔면 이득을 남길 수 있기 때문이다.

그런데 우리 국민이 정부에 제대로 뒤통수를 맞은 건 해방 상황도 아니고 전쟁 상황도 아니었다. 비상시에 어쩔 수 없는 정부의 긴급조치는 불가피한 측면이 있다. 그러나 평상시에 난데없는 화폐개혁은 더욱더 황당함을 느끼게 된다. 1961년 5월 16일에 박정희 대통령을 중심으로 한 군부 세력이 군사 정변을 일으켜 군사정부가 집권했다. 이에 따라 생산, 투자, 소비 등 전반적인 경제활동이 더욱 위축되고 예금이 대규모로 이탈했다.

1년 뒤인 1962년 침체된 경제활동 때문에 정권 유지가 점점 어려워졌다. 재정적자와 물가상승이 계속 심각해지자 박정희 최고회의 의장은 1962년 6월 9일 밤 10시에 제3차 긴급통화조치를 발표했고 국민은 불안감에 안절부절못했다. 박정희 최고회의 의장은 부정 축재와 음성적으로 축적된 자금의 투기화를 막고 악성 인플레를 방지하기 위해 화폐개혁을 하게 됐다고 밝혔다. 바로 1962년 6월 10일의 제3차 긴급통화조치였다.

화폐개혁의 핵심은 '환'에서 '원'으로 단위를 바꾸고 10 대 1의 비율로 절하하는 것이었다. 그런데 한 가구당 교환할 수 있는 돈이 최대 5,000환에 불과했다. 원화로는 500원이다. 그 이상의 돈은 은행에 의무적으로 저금한 뒤 6개월에서 1년 후에 찾거나 산업개발공사의 주식으로 바꿀 수 있었다. 게다가 구권을 신권으로 7일 안에 바꿔야 했다.

과연 전 국민이 7일 안에 이 모든 걸 처리한다는 게 가능하긴 한 걸까? 개인의 사유재산을 상당히 침해하는 황당한 내용이었다. 더구나 당시는 전쟁 상황이 아니라 상대적으로 평온한 시기였다.

제3차 긴급통화조치 핵심 내용

1. 화폐 단위를 '환'에서 '원'으로 바꾸고 10환 = 1원으로 10 대 1의 명목 절하
2. 구권과 1962년 6월 10일 이전에 발행된 수표, 어음, 우편환 증서 등은 금융 기관에 신고하고 1962년 6월 17일까지 신고하지 않은 청구권은 무효

❋ 이때의 화폐개혁으로 변경된 화폐 '원'이 60년 뒤인 현재에도 쓰이고 있는 바로 그 '원화'다. 화폐개혁 이전인 예전의 원圓과 구별하기 위해 지금의 '원'은 한글로만 표기하고 영문은 'WON'으로 표기한다.

이 발표로 경제 현장에는 대혼란이 일어났다. 바로 월요일 새벽부터 은행에는 화폐를 교환하기 위해 사람들이 길게 줄을 섰고 일선 상점에서는 구화폐를 받지 않거나 물건값을 크게 올렸다. 아예 문을 닫은 상점도 많았다. 경제는 더욱더 침체됐다. 그런데도 왜 박정희 최고회의 의장은 기습적으로 화폐개혁을 진행하며 무리수를 둔 걸까? 화폐개혁을 하면 부정하게 재산을 모은 사람들과 중국 화교들이 엄청난 규모로 숨겨둔 돈을 신화폐로 바꾸려 할 것이다. 이때 강제로 예금으로 묶어서 국가의 재정적자를 메우고 산업자금으로도 활용하려는 의도였다.

1962년의 통화조치는 한국은행 총재 등 관계 당국자와 사전협의도 없이 극비리에 진행됐다. 정부는 영국의 화폐 전문 제조업체 토마스 데라루사에 비밀리에 신은행권을 발주해 제조했고 6월 9일 중앙정보부와 군의 도움을 받아 한국은행 본지점으로 현송했다. 실무작업을 주도했던 공무원들은 기밀을 누설하면 극형도 감수한다는 서약서를 쓰고 작업에 참여했다고 한다.

어렵게 진행된 화폐개혁의 기존 환화 회수 내역을 보면 100만 환

(신화 10만 원) 이하의 소액이 90.5%를 차지하고 1억 환(신화 1,000만 원)을 초과하는 예입은 총 7건으로 12억 환에 불과해 애초 정부의 예상과 달리 여유자금의 현금 보관 규모는 미미했다. 예상과 달리 엄청난 규모로 숨겨진 돈은 없었던 것이다. 게다가 미국이 어설픈 화폐개혁에 놀라서 원조를 중단하겠다고 하는 등 강경하게 항의했다. 그래서 1개월 뒤인 7월 13일에 예금 동결을 해제했다. 이로써 기습적인 통화조치는 지하자금의 산업자금화와 인플레이션 방지 등의 목적을 이루지 못하고 부작용만 남긴 채 초라하게 끝났다.

그러면 중국 화교들의 그 많은 현금은 도대체 어디로 다 사라진 걸까? 중국인들도 중국 정부에 몇 번 뒤통수를 맞은 경험이 있는 사람들이다. 그래서 기본적으로 금을 좋아하고 사랑한다. 군사정권의 예상과 달리 중국 화교들은 돈이 생길 때마다 금으로 바꿔서 보유하고 있었다.

1962년의 통화조치 이후에 우리 국민은 현금자산이 매우 위험하다는 사실을 깨닫게 됐다. 그래서 15% 이자율(현재 시점에선 고금리지만 그 당시는 물가상승률이 매우 높았다)의 은행예금을 기피하고 토지와 주택 구매 등 실물자산 투자로 돌아섰다. 우리 국민의 부동산 사랑은 이때부터 시작된 것으로 추정된다.

우리가 역사에서 얻을 수 있는 교훈은 화폐는 안전하지도 않고 영원하지도 않다는 것이다. 국가의 필요나 정치적인 판단에 따라 언제든지 화폐개혁이 일어날 수 있고 종잇장처럼 화폐가 사라질 수도 있다. 생각해보라. 아무리 군사정권 시절이라지만 7일 안에 화폐를 신권으로 바꾸지 않으면 휴지가 된다는 게 도대체 말이 되는 정책일까?

물론 정부가 화폐를 강제로 빼앗지는 않는다. 그런데 보통 화폐개혁을 할 때는 구화폐를 신화폐로만 바꿔주는 단순한 방식이 아니라 한 명이 교환할 수 있는 돈에 상한선을 두고 그 이상의 돈은 은행에 예금하도록 강제하니 실질적으로는 개인 재산권 행사에 굉장한 침해를 받게 된다.

우리가 지금 쓰고 있는 화폐 '원'의 역사는 고작 60년에 불과하다. 미래에는 또 무슨 일이 일어날지 아무도 모른다. 다시 강조하지만 지금의 화폐는 영원하지 않다.

2

독일 화폐의 역사

    화폐개혁과 물가상승은 우리나라에서만 일어났던 특이한 사례일까? 그럴 리 없다. 역사적으로 초인플레이션 발생의 대표적인 사례를 꼽을 때 가장 많이 거론되는 나라가 바로 독일이다. 독일의 초인플레이션 사례를 같이 살펴보자.

    제1차 세계대전은 1914년부터 1918년까지 약 4년 동안 진행됐다. 독일과 오스트리아는 영국과 프랑스 등 서유럽 국가들과 전쟁을 벌였으나 결국 패배했다. 이 전쟁으로 전 세계 900만 명 이상의 군인들이 사망했다. 1919년 6월 베르사유 조약에서 승전국들은 패전국인 독일에 천문학적인 배상금인 2,250억 마르크를 요구했다. 특히 프랑스가 강경했다. 너무 터무니없는 금액이라 2년간의 재협상 끝에 1921년 5월에 최종적으로 1,320억 마르크로 결정됐다. 그런데 배상금은 마르크화가 아니라 금이나 외국환으로 갚아야 했다. 따라서 환율 약세로 마르크화의 가치가 하락하면 배상금의 명목 규모도 증가할 수밖에 없다.

과연 독일은 이 전쟁배상금을 지불할 수 있었을까? 당연히 아니었다. 독일은 이미 제1차 세계대전을 치르면서 '전쟁채권'을 신나게 발행했다. 전쟁에서 승리하면 배상금을 받아서 빚을 갚겠다는 생각이었다. 빚을 상환할 다른 방식은 생각해본 적도 없었는데 결국 패배했다. 당시 영국 협상단 대표였던 천재 경제학자 존 메이너드 케인스 John Maynard Keynes는 배상금 협상 당시부터 이 막대한 배상금은 독일 경제의 생산 능력으로 갚기에는 불가능해 결국 세계 경제에 악영향을 미칠 것이라며 강력히 반대했다.

1921년 여름 당시에는 바이마르공화국이었던 독일은 정상적인 재정정책으로는 전쟁배상금을 절대 갚을 수 없다는 사실을 인식하고 마르크 화폐를 말 그대로 찍어 내기 시작했다. 그리고 마르크 화폐를 외국 화폐로 교환해 전쟁배상금을 분할로 갚아나갔다. 당연히 독일 마르크 환율은 대폭락했다. 독일 정부가 돈을 찍어 내는 방법은 간단했다. 정부가 채권을 발행한 후 중앙은행인 독일제국은행이 직접 인수하는 방식이었다. 중앙은행은 채권을 매입하기 위해 화폐를 찍어 냈다. 이런 방식으로 재정적자를 조달했는데 이를 '부채의 화폐화'라고 부른다(대부분의 국가들은 정부채권을 중앙은행이 직접 인수하는 것을 법으로 금지하거나 굉장히 금기시한다).

이때부터 시작된 독일의 초인플레이션 기록은 전 세계 모든 경제학 교과서에 실릴 정도로 유명하다. 일단 독일의 마르크화는 외환시장에서 완전히 붕괴됐다. 1921년 상반기까지는 1달러당 90마르크였지만 11월에는 330마르크가 됐다. 2년 뒤인 1923년 12월에는 완전히 붕괴돼 1달러당 4조 2,000억 마르크가 됐다. 마르크화가 종이보다 저렴해진 것이다. 외환시장이 무너진 원인은 독일 내부에서 초인플레이션이 발생했기 때문이다. 초인플레이션이란 물가가 극단적인 속도로 상승하는 현상인데 1개월에 50% 이상 상승할 때 초인플레이션으로 분류한다.

당시 독일의 인플레이션율은 자료마다 약간 상이한데 2년간 무려 10억 배가 상승했다는 주장도 있고 300억 배라고 주장하는 자료도 있다. 어쨌든 초인플레이션이 절정이던 1923년에 월 인플레이션은 약 3만 %에 달했다. 이런 무지막지한 초인플레이션이 발생하면 경제 현장에서는 무슨 일이 일어날까? 돈의 가치가 워낙 떨어져서 빵 한 조각을 사러 손수레 가득 화폐를 싣고 상점에 갔다는 얘기가 전설처럼 전해져 내려온다. 또 물건을 사는 동안 빈 수레를 훔쳐 가는 경우도 많았다고 한다. 나중에는 대부분의 상점이 화폐를 받지 않고 물물거래를 했다.

이런 황당한 상황에서 실물자산 없이 현금만 가지고 있던 사람들은 과연 어떻게 됐을까? 대부분 거지가 됐다. 부동산이나 주식 없이 현금과 채권만 가지고 있던 사람들의 재산은 모두 휴지 조각으로 변했다. 다행히 집, 토지, 공장 등의 부동산 실물자산을 가지고 있던 사람들은 소중한 자산을 지켜낼 수 있었다. 오히려 장기적으로는 큰 이득을 봤다. 주식 또한 큰 폭의 변동성은 있었지만 휴지가 된 현금이나 채권보다 훨씬 훌륭한 방어자산의 역할을 했다.

이 광란의 초인플레이션은 독일이 화폐개혁을 통해 기존의 마르크를 렌텐마르크로 교체하면서 진정됐다. 그 이후에도 독일은 동독과 서독이 분리되면서 동독 마르크와 서독 마르크 등 다양한 화폐로 계속 변경돼왔다. 현재는 유로를 쓰고 있다.

독일 화폐의 흑역사나 우리 화폐의 흑역사를 살펴보면 정도의 차이는 있겠지만 기본 원리는 같다. 화폐는 언제든 휴지가 될 수 있다. 그래서 자산 가치 보호를 위해 실물자산인 부동산은 반드시 필요하다. 주변에서 부동산이 거품이라고 주장하는 사람이 있다면 믿지 말아야 한다. 아무리 부동산에 거품이 넘쳐나도 최소한 화폐보다는 좋은 자산이니까 말이다. 물론 현명한 투자자라면 비트코인 또한 당연히 포트폴리오에 편입했을 것이다.

여기서 중요한 또 하나의 역사적 교훈은 뭘까? 전쟁은 안 하는 게 최선이지만 만약 불가피하게 전쟁을 해야 한다면 반드시 승리해야 한다. 왜냐고? 승전국은 패전국에게 정말 가혹하게 전쟁배상금을 물어내라고 압박할 것이기 때문이다.

3

베네수엘라 화폐의 역사

우리나라와 독일의 사례는 1920년대와 1960년대에 발생했던 옛날이야기다. 독자들은 옛날에는 그럴 수 있었겠지만 지금은 아니라고 생각할지도 모르겠다. 그래서 이번에는 가장 최근 사례로 2017년부터 시작된 베네수엘라 화폐의 흑역사를 같이 살펴보자.

남아메리카에 있는 베네수엘라는 인구가 3,000만 명이며 석유매장량은 세계 1위로 사우디아라비아보다 많다. 이렇게 자원이 많은 나라는 역설적으로 '자원의 저주'에 걸릴 확률이 높다. 자원의 저주란 자원이 풍부한 국가일수록 경제 성장이 느려지고 국민 삶의 질이 낮아지는 현상을 말한다. 그 이유는 석유 채굴에만 집중해 제조업의 발전이 느리기 때문이다. 석유 판매로 세금을 편하게 걷는 정부 역시 다른 산업의 육성에 관심이 없고 재정을 방만하게 운용한다. 자원의 저주에 걸린 나라들이 아프리카와 라틴아메리카에 즐비하다.

석유는 가격 변동성이 큰 원자재다. 석유 가격 상승기에는 정부가 재정을 마구 풀어 국민에게 통 크게 복지정책을 써도 상관없다. 하지만 석유 가격 폭락기에도 그런 복지정책이 계속 유지된다면 구조적으로 엄청난 재정적자가 발생할 수밖에 없다. 1999년에 대통령으로 당선된 우고 차베스Hugo Rafael Chavez Frias는 통 큰 복지정책으로 큰 인기를 누렸다. 대표적인 복지정책으로 무상주택, 무상교육, 무상의료 시리즈가 있다. 그 당시 국제 유가가 큰 폭의 상승세를 보이고 있어서 이런 복지정책이 전혀 문제되지 않았다. 그 밖에도 민간기업 1,200개를 국유화하는 등 사유재산을 중시하는 자본주의 국가에서는 상상할 수 없는 정책들을 많이 집행해왔다.

우고 차베스는 대통령에 네 번이나 연임돼 거의 독재자처럼 국가를 통치했는데 2013년에 갑자기 암으로 사망했다. 후임으로 니콜라스 마두로Nicolás Maduro Moros가 대통령으로 당선되면서 베네수엘라의 붕괴가 시작됐다. 이때쯤 미국이 셰일가스 개발에 성공해 석유 가격이 하락하기 시작됐기 때문이다. 그렇다고 사회주의 국가에 가까운 베네수엘라가 복지정책을 포기할 수는 없었다. 니콜라스 마두로 대통령은 여전히 복지정책에 돈을 쏟아부었다. 결국 재정적자가 심각해지자 그 옛날 1920년대의 독일처럼 돈을 그냥 막 찍어 내기 시작했다. 여기서 중요한 포인트는 자동차가 날아다니는 지금 시대에도 돈을 찍어 내는 방식은 그 옛날 1920년과 변함없이 똑같다는 점이다. 화폐 남발의 결과는 참혹했다.

베네수엘라의 인플레이션은 과연 어느 정도 수준일까? 2018년에 물가가 1,300배 폭등했고 2019년에는 다시 100배가 폭등했다. 이 기간을 단순하게 합쳐도 13만 배가 오른 건데 계산이 정말로 맞는지는 필자도 자신이 없다. 국제기구들은 베네수엘라의 누적 물가상승률을 더 높게 추정하고 있고 베네수엘라의 공식 발표 데이터도 신뢰하기 어렵다. 이런 초인플레이션에 대해 이론적으로만 설명하면 과거의 이야기거나 남의 나라 이야기라서 쉽게 와닿지가 않을 것이다. 최근의 우리 사례를 살펴보면 2020년 말 기준 한 판에 5,000원이던 달걀 가격이 2021년 2월에 7,000원 이상으로 폭등했다. 이 정도로 물가가 상승해도 주부들 사이에서는 난리가 난다.

우리 정부는 물가에 가장 밀접한 달걀 가격 폭등에 당황해서 미국산 달걀까지 긴급 수입하며 안정에 나섰다. 그래 봐야 달걀 가격은 고작 40% 올랐을 뿐이다. 고작 40%라니 너무한 거 아니냐고? 이 달걀 가격을 베네수엘라의 2018년도 물가상승률로 대입해보자. 5,000원짜리 달걀 한 판이 650만 원으로 폭등했다면 과연 이해되겠는가? 1만 원짜리 햄버거가 1,300만 원이 됐다면 받아들일 수 있겠는가? 이런 비현실적인 수치가 나오는 게 바로 초인플레이션이다.

베네수엘라의 화폐는 볼리바르 푸에르테였다. 이 정도의 인플레이션이면 화폐개혁이 불가피하다. 그래서 화폐개혁을 단행해 2018년 8월에 볼리바르 소베라노라는 신화폐가 발행됐다. 구화폐와의 교환 비율이 무려 10만 대 1이었다. 하지만 화폐개혁 이후에도 여전히 초인플레이션은 계속되고 있다. 이런 국가 위기 상황이 지속되면 도입되는 또 다른 수단이 바로 은행예금 동결이다. 베네수엘라는 국민들 개개인의 은행예금을 동결하고 하루의 현금 인출금액을 극단적으로 제한하는 정책을 썼다(정도의 차이는 있지만 앞의 우리나라도 6.25전쟁 시절과 박정희 군사정권 때 사용했던 정책이다). 국가가 어려워지면 아주 쉽게 국민의 현금 재산은 사용을 제한받을 수 있다.

사실 베네수엘라 국민은 예금이 동결되든 말든 상관이 없을 것이다. 이미 화폐가 휴지가 됐기 때문이다. 지금 베네수엘라에 화폐 따윈 필요 없다. 물물교환이 대세다. 이런 상황이니 베네수엘라의 경제는 완전히 무너졌다. 일자리도 없고 필수품도 구하기 어렵고 식량도 부족하고 치안도 엉망이다. 그래서 전 국민의 국가 탈출이 이어졌다. 경제 위기가 시작된 2015년부터 최근 5년간 약 3,000만 명의 인구 중에서 무려 500만 명이 인근 국가들로 흩어졌다.

그렇다면 베네수엘라의 부동산 가격은 어떻게 됐을까? 인플레이션 초기와 중기까지는 부동산 가격이 폭등했다. 한 해에 6배가 오르기도 했다. 하지만 부동산의 수요층인 국민이 나라를 떠나는 상황이라면? 이런 경우는 과거 독일의 초인플레이션 상황과는 달리 실물자산인 부동산을 들고 있어도 반드시 안전한 건 아니다. 500만 명이나 되는 사람들이 탈출 자금으로 집과 가게를 팔아 달러를 마련하려 했다. 그러다 보니 부동산 공급은 급증하고 수요는 완전히 무너질 수밖에 없다. 당연히 부동산 가격도 40% 정도 하락세를 보였다. 물론 그 이전에 워낙 많이 올랐기 때문에 부동산이 하락했어도 휴지 같은 화폐보다야 훨씬 상황이 좋은 편이다.

4

미국 달러의 역사

필자의 아들은 열세 살인데 어느 날 혼자서 영어 공부를 하다가 갑자기 뛰어오더니 이렇게 말했다. "미국 사람들은 정말 좋겠네. 영어 공부 안 해도 되잖아! 나는 한국에서 태어나서 맨날 영어 공부나 해야 하고. 너무 불공평해!" 맞다. 사실 엄청 불공평하다. 세계공용어인 영어가 모국어라면 얼마나 좋을까?

그런데 불공평한 게 하나 더 있다. 그건 바로 미국 사람들의 화폐가 달러라는 사실이다. 세계 기축통화인 달러를 화폐로 쓰다니 이 얼마나 부러운 일인가? 앞에서 예로 들었던 우리나라와 독일과 베네수엘라의 화폐가 어떻게 됐었는지를 생각해보라.

한국인 길동과 베네수엘라인 안드레아와 미국인 제임스가 만약의 상황을 대비해 자산의 5%를 다른 나라 통화로 보유한다고 가정해보

한국인, 베네수엘라인, 미국인의 비상 통화는?

	한국	베네수엘라	미국
이름	길동	안드레아	제임스
자국 통화	원	볼리바르 소베라노	달러
비상 통화	달러	달러	?

자. 길동과 안드레아는 별 고민 없이 세계 최강의 통화인 달러를 보유하면 된다. 특히나 베네수엘라의 안드레아처럼 국가가 위기에 처한다면 기축통화인 달러는 그야말로 생명을 구할 소중한 비상 통화가 된다.

그런데 미국인인 제임스는 어떨까? 제임스도 비상 통화로 달러를 보유하는 게 논리적일까? 당연히 말이 안 된다. 제임스의 모국인 미국이 달러를 화폐로 쓰기 때문이다. 여기서 한 가지 의문이 든다. 과연 달러는 앞으로도 영원히 기축통화로서 제왕의 지위를 차지할 수 있을까? 미국인들에게 달러보다 더 좋은 비상 통화는 영원히 존재하지 않는 걸까? 도대체 달러는 언제부터 세계의 기축통화 역할을 해온 걸까?

교과서에 지겹도록 나오는 브레튼우즈 체제란 무엇일까?

금은 인류가 수천 년간 사용한 화폐다. 그런데 어느 순간 종이 화폐가 금의 지위를 대신했다. 종이 화폐가 신뢰받을 수 있었던 가장 큰 이유는 뭘까? 금이 뒷받침해주는 금본위제를 기반으로 해서 화폐가 유통됐기 때문이다. 금본위제란 정부가 금을 대량 보유하고 그만큼만 종이 화폐를 발행하는 것이다. 누구나 언제든 다시 종이 화폐를 가지고 가서 금으로 바꿀 수 있다. 이 제도가 사람들에게 아무 신용이 없었던 종이 화폐를 신용하게 만든 결정적인 장치였다.

미국의 화폐인 달러 역시 금본위제를 바탕으로 시작됐다. 독자들은 달러를 신뢰하는가? 아마 대부분 신뢰할 것이다. 왜냐하면 달러는 전 세계의 기축통화이기 때문이다. 이런 달러 위주의 체제는 도대체 언제부터 시작되었을까? 1939년부터 1945년까지 장장 6년간 이어진 제2차 세계대전이 끝나가던 1944년 1월에 미국의 브레튼우즈에서 열렸던 협정이 기축통화 달러의 출발점이었다. 그러니 고작 80년의 역사에 불과하다. 우리가 막연하게 생각하는 것보다 기축통화 달러의 역사는 길지 않다.

1944년 당시 제2차 세계대전에서 연합국의 승리가 확실해지자 미국은 전쟁 이후를 걱정했다. 그래서 세계의 금융질서를 새로 만들기 위해 44개국 약 700여 명의 대표와 브레튼우즈에 모여 전쟁 이후에 대해 논의했다. 회의 석상에서 새로운 통화제도에 대한 논쟁이 벌어졌다. 영국의 존 메이너드 케인스는 국제 통화인 방코르Bancor 도입을 주장했다. 그러나 패권국이 된 미국의 해리 덱스터 화이트Harry Dexter White의 입김이 훨씬 컸기 때문에 최종적으로 미국 달러를 기축통화로 한 금본위제를 채택하기로 결정됐다. 이것이 바로 교과서에 지겹도록 등장하는 브레튼우즈 체제BWS, Bretton Woods System이다.

이전에는 영국 등 일부 나라에서 각자 금본위제를 시행해왔다. 하지만 제1차 세계대전 이후 대공황으로 경제가 무너져 막대한 자금이 필요해지면서 금 보유량이 야금야금 줄어들었다. 이후 제2차 세계대전까지 터지면서 유럽의 각국은 미국의 물자를 금으로 지급했고 패전국들은 전쟁배상금을 금으로 지급했다. 그러니 대부분 나라의 창고에서 금이 사라졌다. 이에 반해 종전 당시 승전국이었던 미국은 전 세계 금의 70%를 보유한 금 부자 나라가 돼 있었다. 제2차 세계대전이 끝날 때쯤 유럽 국가들은 실질적으로 금본위제가 완전히 무너진 상황이었다.

금본위제의 핵심은 종이 화폐를 금으로 바꿔주는 금태환이다. 그런데 대부분의 금은 미국에만 있었다. 그래서 새로운 브레튼우즈 체제의 금본위제는 미국이 중심이 됐다. 나머지 국가들은 전쟁으로 망가진 사회를 복구하기 위해 막대한 양의 화폐를 찍어 내야 했는데 정작 금이 없었다. 그래서 다른 나라의 통화들을 모두 미국 달러에 고정해 간접적으로 금과 연결했다. 통화환율을 달러에 고정하는 고정환율제가 시행된 것이다. 대신 달러는 35달러당 1온스의 금으로 교환할 수 있게 했다. 그렇게 함으로써 각 나라의 종이 화폐를 전 세계 70%의 금을 가진 미국이 간접적으로 보증하는 효과를 누리게 됐다.

브레튼우즈 협정에서는 그 외에도 세계은행The World Bank과 국제통화기금IMF 등의 설립도 결정했다. 이 기구들로 인해 막강한 미국의 군사력과 경제력에 바탕을 둔 자유무역이 활성화되는 새로운 세계경제 시스템이 만들어졌다.

미국 대통령 닉슨의 배신으로 금본위제가 무너졌다

세계 유일의 기축통화가 돼 1944년부터 1971년까지 약 30년간 금본위제하에서 세계를 지배해온 달러는 치명적인 약점이 있었다. 이 약점을 미국 예일대 교수였던 로버트 트리핀Robert Triffin이 설명해 일명 '트리핀의 딜레마Triffin's Dilemma'라 부른다.

기축통화인 달러 발행국 미국은 국제 거래에서 달러의 유동성을 유지해야 할 책임이 있다. 경상수지 적자를 감수하면서 달러를 많이 찍어 내서 전 세계에 공급해줘야 한다. 글로벌 경제 규모가 성장할수록 화폐도 비례적으로 계속 공급돼야 하기 때문이다. 그런데 달러를 많이 찍어 내면 달러의 가치가 떨어져 아무도 달러를 받으려 하지 않는다. 그렇다고 달러의 신뢰도를 유지하기 위해 달러를 조금만 찍어 내면 국제 거래에서 달러가 부족해져 경기 침체를 불러오는 딜레마에 빠진다. 결국 트리핀은 이 상황이 계속될 경우 고정환율제도가 붕괴될 것으로 예측했고 그 예측은 정확히 들어맞았다.

2021년 현재 당신이 1만 달러(1,100만 원)를 가지고 있다고 가정하자. 미국의 트럼프 대통령에 이어 바이든 대통령도 역시 코로나19 사태로 박살 난 미국 경기를 부양하기 위해 달러를 계속해서 찍어 내고 있다. 달러 가치가 떨어질 것은 불을 보듯 뻔하다.

그런데 달러의 가치가 아무리 떨어져도 미국 정부가 금본위제도를 계속 유지해 35달러당 1온스의 금으로 바꿔준다면 당신은 어떻게 하겠는가? 당연히 1만 달러를 미국 정부에 냅다 넘겨주고 286온스의 금을 받아서 신나게 종로 금은방에 팔아버릴 것이다. 프린팅하듯 찍어 내서 넘쳐나는 달러보다 공급량이 훨씬 제한적인 금 가격이 실제 시장에서는 훨씬 비싸게 거래되기 때문이다. 문제는 그게 당신뿐만이 아니라 당신 주변의 모든 사람과 모든 나라가 그렇게 한다면 미국의 금은 순식간에 고갈될 것이다.

1971년에 실제로 이런 일이 일어났다. 그 당시 미국은 계속되는 베트남 전쟁의 여파로 천문학적인 재정을 전쟁 비용으로 쏟아부었다. 모든 전쟁은 예외 없이 그 나라의 재정을 붕괴시킨다. 미국은 결국 보유하고 있는 금보다 더 많은 달러를 찍어 내기 시작했다. 미국은 그때나 지금이나 달러를 마구 찍어 내는 경향이 있다. 어쨌든 이런 상황이 되자 유럽 주요 국가들의 달러에 대한 신뢰도가 추락했다.

마침내 스위스, 프랑스, 스페인, 영국 등이 미국에 달러를 주고 금으로 바꿔달라고 요구했다. 일명 금태환 요구다. 하지만 미국의 금은 고갈돼가고 있었다. 만약 유럽 국가들의 요구를 모두 들어준다면 미국은 보유한 금의 대부분을 다른 나라에 넘겨줘야 하는 상황이었다. 드디어 1971년 8월 15일에 미국의 리처드 닉슨Richard Nixon 대통령은 TV에 나와 "달러와 금의 교환을 중단하라고 재무장관에게 지시했습니다."라고 밝혔다. 미국의 달러가 금과 다를 바 없다고 믿고 있었던 전 세계 국가들은 아연실색했다. 이 사건을 '닉슨 쇼크'라고 부른다.

금태환 거부는 사실상 미국의 배신이자 닉슨의 배신이었다. 이로써 30년간 유지되던 브레튼우즈 체제와 고정환율제도는 역사 속으로 사라졌다. 달러는 약세로 돌아섰다. 유럽 주요 국가들과 일본은 달러 가치의 하락에 경악했다. 대표적으로 달러를 많이 갖고 있던 곳들이었다. 게다가 달러 약세로 인해 미국을 제외한 다른 나라들의 수출경쟁력까지 급격히 저하됐다.

하지만 미국은 금의 제약에서 벗어나 마음껏 달러를 찍어 낼 수 있게 되었다. 드디어 순수하게 국가의 신용만으로 화폐가 유통되는 신용화폐의 시대가 도래한 셈이다. 냉정하게 생각해보자. 과연 미국 정부는 믿을 만한가? 미국 정부의 신용만으로 유지되는 달러는 과연 믿을 만한 화폐인가? 사실 미국 정부뿐만이 아니다. 각국 정부들의 신용만으로 자체 발행한 법정화폐들은 과연 믿을 만한 걸까? 미국이 1년에 얼마나 많은 달러를 마구마구 찍어 내는지를 수치로 확인한다면 아마 독자들의 믿음은 안개처럼 사라지게 될 것이다.

게다가 금본위제가 폐지된 1971년부터로 계산하면 현대적 개념의 미국 달러는 불과 50년의 짧은 역사를 가졌을 뿐이다. 미국의 이 신용화폐는 과연 영원불멸할 것인가? 만약 달러가 영원불멸하지 않다면 그 이후에 세계는 어떻게 될까? 필자의 의견을 한마디 보탠다면 달러는 명목화폐일 뿐이다. 명목화폐란 실질적 가치와는 관계없이 표시된 가격으로 통용되는 화폐다. 인쇄소에서 마구 찍어 내는 달러는 절대 건전화폐가 될 수 없다.

5

전쟁 위험과 비트코인

우리는 해외여행을 갈 때 여행자 보험을 든다. 여행 가서 사고가 날 확률은 질병, 상해, 휴대폰 분실까지 다 합쳐도 고작 2%다. 그렇지만 실제로 사고가 발생하면 치명적이기 때문에 가입을 한다.

미국 트럼프 대통령이 2021년 1월에 했던 고별 연설에 흥미로운 대목이 있었다. 그는 "수십 년 만에 새로운 전쟁을 하지 않고 퇴임하는 대통령이 된 것이 특히 자랑스럽다."라고 했다. 그의 말대로 미국은 트럼프 대통령 재임 기간에 세계 다른 나라들과 전쟁을 한 적이 없었다. 이 얘기를 반대로 해석해보면 어떨까? 미국은 트럼프 대통령 재임 기간만 빼면 언제나 전쟁을 치러왔다. 그렇다면 바이든 대통령 체제하에서 미국은 앞으로 4년간 어느 나라와 전쟁할 가능성이 가장 클까? 이란? 북한? 대만 영토 주변에서 일어나는 중국과의 국지전?

아무도 알 수 없다.

국가가 전쟁을 결심하면 국민은 무조건 따라야 한다. 국가를 떠나지 않는 한 선택의 여지가 없다. 과거 전쟁의 역사를 살펴보면 그 결과는 참혹하다. 전쟁은 국민 입장에서 볼 때 굉장히 어리석은 결정이지만 국가 권력은 종종 이 어리석은 결정을 내리는 경우가 많다. 인류 최악의 전쟁인 제2차 세계대전에서 군인 전사자는 2,700만 명이었고 민간인 사망자는 2,500만 명이었다. 굉장히 옛날이야기 같지만 전쟁이 1945년에 끝났으니 고작 75년 전 일이다.

북한의 기습남침으로 발생한 1951년의 6·25전쟁으로 사망한 남한군은 약 14만 명이며 유엔군은 약 4만 명이다. 북한군은 50만 명, 중공군은 15만 명이 사망한 것으로 알려져 있다. 남북한 민간인 사망자 수는 50만 명 이상으로 추산하고 있다. 이 전쟁도 불과 70년 전의 일이다.

그래서 우리는 여행에서 사고 당할 확률인 2%보다는 훨씬 더 낮은 확률이겠지만 주변 국가들의 전쟁이나 분쟁 가능성에 대해서도 충분히 대비하고 보험을 들어봐야 한다. 이런 보험은 어떻게 드냐고? 그거야 당연히 비트코인이다.

홍콩의 지정학적 위험

필자가 홍콩 사람이었다면 어떤 선택을 했을까? 아마도 재산의 5% 이상을 비트코인에 투자해서 보유하고 있을 것이다. 비트코인은 최악의 순간에서 나를 지켜줄 최소한의 경제적 보험 장치이기 때문이다. 인구 750만 명에 불과한 홍콩의 역사는 특이하다. 원래 중국 영토였던 홍콩은 중국이 영국과의 아편전쟁에서 패배한 후 1842년 난징조약으로 영국에 할양됐다. 이후 1898년 베이징조약에서 추가로 '영국이 99년간 홍콩(북부 섬과 신계지 등)을 임차한다.'라는 협정을 맺었다. 그리고 99년이 지난 1997년에 드디어 세계의 주목을 받으며 홍콩은 중국에 반환됐다.

홍콩반환협정에는 1997년 이후에도 외교와 국방을 제외한 홍콩 주민의 자치권을 50년간 인정한다는 일국양제一國兩制가 들어 있다. 중국의 도시이면서도 자치권을 가진 별도의 도시로 홍콩을 인정한 것이다. 홍콩 사람들은 100년 이상 영국의 자유 민주주의를 누리다가 중국의 공산주의 통치를 받아들여야 하니 적응하기가 쉽지 않았을 것이다. 그래서 2014년부터 우산 혁명 등 홍콩 민주화 시위가 일어났던 것이다.

문제는 중국이 2020년 7월에 전격적으로 홍콩 국가보안법을 제정하면서부터다. 홍콩 사람들의 마음은 크게 흔들리기 시작했다. 홍콩 국가보안법은 겉으로는 홍콩 내 반정부 활동을 처벌하는 것이 목적이다. 하지만 실제로는 그동안 중국의 손에서 벗어나 있던 홍콩을 통제하는 수단으로 활용됐기 때문이다. 국가 분열, 국가정권 전복, 테러 활동, 외국 세력과의 결탁의 네 가지 범죄는 최고형인 무기징역까지 처벌할 수 있다. 단순히 시위 때 홍콩 독립이라는 단어만 써도 체포되고 있는 게 지금의 현실이다. 국가 분열을 유발하는 행동이기 때문이다. 또 시위 중 과격한 행동은 테러 행위가 되고 외국에 홍콩의 사정을 호소하는 것은 외세 결탁으로 해석할 수 있다.

현재 홍콩의 안보와 관련된 범죄를 총괄하는 건 중국 본토 출신 공안 담당자다. 외국인들을 경악하게 한 건 홍콩 거주 외국인이나 홍콩에 등록한 기업과 홍콩 영주권자 역시 보안법을 위반했을 경우 해당법에 따라 처벌 가능하다는 조항이다. 당연히 언론의 자유 또한 박탈당했다.

홍콩의 상황을 지켜보던 영국 정부는 홍콩 인구 750만 명 중 70%가 넘는 540만 명의 영국해외시민 여권 소지자와 그 가족들을 대상으로 입국비자 발급을 확대했다. 홍콩이 중국에 반환되기 전인 1997년 이전에 홍콩에서 태어난 사람들은 다 여기에 해당한다. 보안법 시행 이후 홍콩 사람들의 영국해외시민 여권 신청이 급증해 80만 명에 육박한다. 영국 정부는 향후 5년간 최대 100만 명의 홍콩 사람들이 영국에 이민 올 것으로 예상하고 있다.

모든 국가는 개인의 삶을 통제한다. 그 가운데서도 자유 민주주의 국가와 공산주의 국가는 그 통제 수준에서 상당한 차이를 보인다. 홍콩이 중국으로 완전히 넘어가면 공산주의 정권의 특성상 표현의 자유 등 자유 민주주의에서 누렸던 인간의 기본권이 침해당할 가능성이 크다. 인간에게 자유는 무엇과도 바꿀 수 없는 소중한 가치다. 그럴 때 개인이 선택할 수 있는 마지막 방법은 무엇일까?

재산이 많은 홍콩 사람들의 상당수가 영국으로의 이민을 적극적으로 검토하고 있다. 『뉴욕타임스』도 홍콩의 뉴스 조직을 서울로 옮기

겠다고 발표할 정도로 외국 기업들의 홍콩 탈출 또한 심각하다. 홍콩
에 지사를 둔 다국적 기업들이 앞다퉈 홍콩을 탈출하면서 홍콩 빌딩
의 공실률은 사상 최고치를 기록하고 있다. 이 기업들은 앞으로 싱가
포르, 도쿄, 서울로 이전할 가능성이 크다.

　앞으로 홍콩에 어떤 일이 일어날지는 아무도 모른다. 홍콩 사람들
은 중국이 아예 영국 이민을 막아버릴까 봐 전전긍긍하고 있다. 만
약 당신이 조국을 떠나 어디로든 가야만 한다면 제일 중요한 게 뭘
까? 당연히 개인의 재산이다. 만약 중국이 갑자기 이민을 막아버리고
재산권 행사를 제한한다면 어떻게 될까? 이런 여러 가지 위험성으로
볼 때 홍콩 사람들은 보험 성격으로 재산의 5% 이상을 비트코인으
로 보유하는 게 현명하다고 생각한다. 금을 보유하는 게 낫다고 생각
하는 사람들도 있겠지만 금은 무겁고 느리고 눈에 띈다. 비트코인은
가볍고 빠르고 눈에 보이지 않고 클릭 한 번으로 자유롭게 국경을 넘
나들 수 있다. 당신이라면 어떤 걸 선택하겠는가?

대만의 지정학적 위험

　필자가 만약 대만 사람이라면 어떤 선택을 했을까? 역시 재산의
5% 이상을 비트코인에 투자해서 보유하고 있을 것이다. 대만 역시
앞으로 무슨 일이 일어날지 아무도 알 수 없기 때문이다.

　인구 2,400만 명의 대만은 홍콩과 마찬가지로 기구한 역사를 갖고
있다. 대만은 1684년부터 청나라의 지배를 받아왔다. 청일전쟁에서

중국이 패하면서 1895년 시모노세키조약으로 일본의 식민지가 됐다. 60년 후인 1945년에 일본이 패망하면서 다시 중국에 반환됐다. 4년 만인 1949년에 국민당의 장제스 정권은 중국 공산당과의 내전에서 패배하고 난징에 있던 정부와 군사 30만 명을 대만으로 옮긴다. 이후부터 현재까지 중국과 구분되는 독자적인 정치체제를 유지하고 있다. 청나라의 역사로 보나 국공 내전에서 중국 공산당이 승리한 결과로 보나 중국은 대만을 중국의 일부라고 생각한다. 반면에 대만의 입장은 엄연히 독립된 국가이다. 하지만 이미 오래전부터 중국은 헌법상에도 '대만은 중화인민공화국의 영토'라고 못 박았고 국제적으로도 늘 '하나의 중국'을 강조해왔다.

14억 경제대국 중국이 전 세계 국가에 대만과 중국 중에서 양자택일을 강요하면서 대부분의 국가들은 경제력이 막강한 중국과 수교하고 대만과는 외교를 단교했다. 미국은 1979년에 중국과 수교하면서 '하나의 중국' 원칙을 인정해 대만과 단교했다. 우리도 1992년에 중국과 수교하면서 대만과 단교했다. 대만은 외교적으로 고립돼 있다. 서로 적대적이었던 중국과 대만은 1992년에 고위급 실무회담을 통해 '하나의 중국이라는 원칙을 견지하되 그 표현은 양안(중국과 대만) 각자의 편의대로 한다.'라는 '92공식九二共識'에 합의했다. 하지만 합의 문구 자체가 애매하다 보니 해석은 서로 다르다.

이런 역사 때문에 국제 사회에서 대만 국기를 별도로 표기하는 건 금기시되고 있다. 2015년에 우리나라의 모 예능프로그램에서 걸그룹 트와이스의 대만인 멤버 쯔위가 대만 국기와 태극기를 함께 든 영상이 인터넷에 공개되면서 중국 네티즌들 사이에서 난리가 난 적이 있다. 결국 쯔위가 "하나의 중국 원칙을 지지합니다."라며 두 번이나 공개 사과를 하고 나서야 중국 여론이 조용해졌다. 물론 이번에는 반대로 대만 여론이 폭발했었다.

외견상 대만은 지금 최고의 전성기를 구가하고 있다. 대만의 반도체 기업인 TSMC는 파운드리(반도체 위탁생산) 분야에서 삼성전자와 큰 격차를 보이며 압도적인 글로벌 1위를 질주하고 있다. TSMC는 미국의 요청으로 중국 화웨이에 반도체 공급을 중단해 중국을 자극하기도 했다. 애플의 아이폰 위탁 생산업체인 폭스콘도 대만 기업이다. 그 외에도 대만산 IT 기기의 수요가 폭증하면서 2021년에 대만의 1인당 국내총생산GDP은 3만 달러를 넘어설 것으로 전망되고 있다. 1인당 국내총생산이 우리와 비슷해지는 셈이다.

최근 중국이 홍콩에 국가보안법을 제정하면서부터 대만 사람들이 긴장하고 있다. 이전까지 대만 사람들은 중국을 고향처럼 생각하며 언젠가는 통일될 거라는 막연한 기대가 있었다. 하지만 대만 역시 자유 민주주의를 누리고 있는 나라다. 중국 공산당의 억압적인 홍콩 정책을 직접 목격해보니 '남의 일이 아니다.'라고 느끼고 있다. 그래서 탈중국 정책을 펴는 차이잉원蔡英文 총통이 2016년에 이어 2020년 선거에서도 큰 표 차로 재선에 성공했다. 차이잉원 총통은 대만 분리 독립이 여의치 않으면 최소한 중국에 흡수되지 않고 현재와 같이 확실히 구별되는 두 개의 중국을 유지하고자 한다. 친중국 성향인 중국 국민당의 인기는 홍콩 국가보안법 제정 이후 날이 갈수록 하락하고 있다.

중국 시진핑 주석은 대만이 독립을 추구한다면 전쟁도 불사하겠다며 강경한 태도를 보이고 있다. 2021년 3월 중국 전국인민대표대회 기간에 왕이王毅 외교부장은 미국의 대만 정책에 대해 "첫째, 세계에는 하나의 중국만 존재하고 대만은 중국 영토의 일부분이다. 둘째, 해협 양안은 반드시 통일돼야 한다. 셋째, 하나의 중국 원칙은 중국과 미국 관계의 정치적 기초로 중국은 대만 문제에서 타협하거나 양보할 생각이 없다."라고 말했다.

미국의 대만 정책이 도대체 어떻길래 중국이 이렇게 흥분하는 것일까? 미국은 중국과 무역전쟁을 시작한 이후 중국의 아킬레스건인 '하나의 중국'을 무력화하는 전략을 통해 압박을 강화하고 있다. 지정학적으로 중국과 대만은 대만해협이라는 좁은 바다를 사이에 둔 매우 가까운 거리다. 미국으로선 미래에 중국과의 패권 다툼을 피할 수 없을 것으로 보고 중국 인접 국가들과의 동맹을 통해 중국을 포위하고 싶어한다. 다른 우방국인 필리핀이나 인도네시아는 중국과 너무 멀리 떨어져 있어 견제 효과가 약하다. 그런 측면에서 중국의 턱밑에 있는 대만은 전략적으로 가장 중요한 군사적 요충 지역이다. 미국은 대만이 있기에 중국의 팽창을 억제할 군사 방어기지를 갖게 되는 셈이다. 그래서 대만에 공격용 무기를 대거 수출해 군사력 증대에 적극적으로 이바지하며 부쩍 친하게 지내고 있다. 미국은 무려 세 척의 항모 전단을 대만에서 가까운 인도-태평양 함대에 투입해 중국의 기습적인 대만 공격에 대비하고 있다. 또 구축함을 앞세워 남중국해에서 '항행의 자유 작전'을 수시로 펼치고 있다.

중국으로선 대만이 미국과 우호적인 관계를 유지하는 것이 중국 턱밑에 미군이 들어와 있는 것과 다름없다. 중국의 전투기는 시시때 때로 대만의 방공식별구역에 진입해 군사훈련을 하고 중국의 잠수 함은 남중국해에서 미국 항공모함 격추 훈련을 진행하고 있다. 또 중 국 주력부대의 대만 상륙작전 훈련도 계속되고 있다. 언제 삐끗해서 의도치 않은 전투가 벌어지게 될지는 아무도 모른다. 점점 대만 인근 해협에서 중국과 미국의 충돌 가능성이 커지고 있다.

전쟁에 찬성하는 대만 국민의 비율은 당연히 낮다. 중국과 끝까지 싸우겠다는 국민은 거의 없다. 전쟁이 터져도 결국 협상을 통해 휴전 할 거라는 예측이 지배적이다. 하지만 최종적으로 전쟁을 결정하는 건 국민 투표가 아니다. 대만에서 전쟁이 발생한다면 그 원인은 중국 정치인들의 결단으로 중국이 선제공격하는 형태일 것이다. 대만이 중국을 선제공격할 리는 없을 테니 말이다.

전쟁으로 피해를 보는 건 정치인들이 아니다. 피해는 고스란히 양 국가의 군인들과 대만 국민이 보게 된다. 전쟁 발생 시 국민이 본인 의 의지로 할 수 있는 것은 아무것도 없다. 국민은 전쟁에 참여해야 할 의무만 있을 뿐이다. 유일하게 할 수 있는 소극적인 방법은 내 재 산을 안전하게 보관하는 정도다. 어떻게? 당연히 비트코인을 사야 한 다. 내 재산의 5%를 비트코인으로 바꿔놓는다면 최악의 전쟁 상황에 서도 최소한의 경제적 보호장치를 가지고 있는 셈이다. 대만은 동아 시아의 새로운 화약고 중 하나가 됐다. 이게 바로 대만 사람들이 비트코인을 사야 하는 이유다.

물론 14억 중국인들에게도 사실 비트코인은 필요하다. 중국의 유명인 중에도 재산을 몰수당하는 사례가 가끔 뉴스에 나온다. 필자가 만약 중국 사람이라면? 역시 재산의 5% 이상은 비트코인으로 보유해 만일의 사태에 대비할 것이다. 누구에게나 보험은 필요하기 때문이다. 중국은 현재 비트코인 매매가 법으로 금지돼 있다. 하지만 암암리에 거래되는 것까지 다 막을 수 있을까?

한국의 지정학적 위험

이제 5,200만 명이 사는 우리나라로 돌아와 보자. 외국 사람들이 보기에 한국은 안전한 나라인가? 핵무기를 보유하고 있는 말이 안 통하는 북한과 국경을 맞대고 서로 대치하는 곳이 바로 한국이다. 지금까지 우리는 홍콩과 대만 사람들을 걱정했다. 그런데 아마 그 사람들은 지금 우리들을 걱정하고 있을 것이다.

북한의 핵 개발 능력은 점점 더 발전하고 있다. 북한은 미국 본토 전역을 공격할 수 있는 대륙간 탄도 미사일을 확실히 완성할 때까지 쉬지 않고 달려갈 것이다. 미국은 더 강한 경제 제재를 통해 북한을 압박하면서 동시에 북한에 대한 선제공격 성공 가능성을 끊임없이 검토할 것이다. 북한과 미국은 앞으로 4년 내내 이 문제로 크고 작은 충돌이 있을 것이다.

미국, 중국, 러시아, 북한은 모두 핵무기를 가지고 있다. 하지만 그 어느 나라도 감히 핵을 사용할 생각은 하지 못한다. 모두가 공멸한다는 걸 알고 있기 때문이다. 하지만 한반도 전쟁 가능성을 0%로 생각하거나 핵전쟁 가능성을 0%로 생각하는 것도 합리적인 추론은 아니다. 미국의 바이든 대통령은 재임 기간 트럼프 대통령처럼 새로운 전쟁을 절대 하지 않을까? 새로운 전쟁은 미국 혼자 시작하는 게 아니다. 전쟁에는 언제나 상대편이 있다. 그런 측면에서 가장 불안한 국가는 어디일까? 이란과 북한 정도가 아닐까?

아주 희박한 확률이지만 만약 한반도에 전쟁이 일어난다면 어떻게 될까? 원화는 폭락하고 부동산은 파괴될 것이다. 수많은 사람이 죽거나 다칠 것이다. 이런 가능성까지 고려한다면 또한 보험 성격으로 재산의 5%는 비트코인을 보유하는 게 합리적이지 않을까? 이제 개인은 이민을 통해 자유롭게 자신이 살아갈 나라를 선택할 수 있다. 필자는 어느 나라 사람으로 살아가든지 각 나라의 정부를 95%만 믿는다. 나머지 5%는 정부 대신 비트코인을 믿는다. 비트코인은 투자적인 가치 외에 보험적인 성격도 강하다. 보험에 가입했다고 가정해보자. 나에게 아무 일도 일어나지 않는다면 납부한 보험료는 허공으로 사라진다. 하지만 그걸 낭비라고 생각하지는 않는다.

비트코인 역시 마찬가지다. 자산의 5%를 보험 성격의 비트코인에 투자하고 설령 비트코인이 휴지가 된다고 하더라도 그건 보험료와 크게 다르지 않다. 차이점이 있다면 비트코인은 보험료처럼 허공으로 사라질 가능성보다 나에게 훌륭한 수익률을 안겨줄 가능성이 더 크다는 점이다. 비트코인이 필요한 사람은 대만, 홍콩, 한국 사람뿐만 아니다. 전 세계 누구에게나 자국 화폐를 제외하고도 가치를 저장할 수단이 필요하다. 그게 바로 비트코인이다. 그만큼 수요가 많다는 뜻이다. 전 세계 인구수는 77억 명이다. 장기적으로는 그들이 다 비트코인의 잠재적인 수요자들이다.

국가는 과연 이성적일까? 멀지 않은 과거만 살펴봐도 독일과 일본의 제2차 세계대전, 북한의 6·25전쟁, 미국의 베트남전 등 어리석은 판단으로 전쟁이 시작된 역사를 많이 알고 있다. 과거 역사로 보면 실제로 전쟁을 수행하는 건 국민이고 전쟁 중에 수많은 군인과 민간인이 목숨을 잃었다.

국민 개개인은 전쟁이라는 원치 않는 일이 벌어졌을 때 본인을 지킬 최소한의 경제적 보험을 준비해놔야 한다. 옛날에는 그게 바로 금이었다. 하지만 지금은 비트코인이다. 만약 우리나라에서 전쟁 발생 징후가 보인다면 미국의 코인베이스 거래소에 계좌를 개설한 후 내 소중한 비트코인을 송금해놓자. 그러면 미국 서버를 통해 내 비트코인을 안전하게 보관할 수 있다. 이 행위는 「외국환관리법」 위반일까? 한국 법원은 원화나 달러 송금이 아니라 단지 비트코인을 송금만 하는 행위를 문제 삼지는 않고 있다.

한국의 평화통일

오래전 우리의 소원대로 한반도가 평화 통일되는 경우를 상상해보자. 「우리의 소원은 통일」은 한국 사회의 염원을 반영한 오래된 노래다. 우리는 그동안 통일을 갈망해왔다. 물론 요즘 세대들은 좀

다르지만 말이다. 미래에 북한과 남한이 평화적으로 통일되는 방식
도 실현 확률이 높은 건 아니지만 가능한 시나리오 중 하나일 것이
다. 그런데 혹시 한반도가 평화 통일된다면 비트코인은 쓸모가 없어
질까? 그럴 리 없다. 글로벌 시장에서 유명한 투자자로 이름을 날리
는 짐 로저스Jim Rogers는 2013년에 국제 시장에서 북한 화폐를 대
거 사들인 것으로 알려졌다. 그는 왜 북한 화폐에 투자했을까? 만약
남북통일이 되면 한국이 충분히 보상해줄 거라는 믿음을 가지고 있
는 것이다.

이게 무슨 말일까? 짐 로저스의 투자를 이해하려면 동독과 서독의
통일 사례를 살펴보면 된다. 1990년 독일의 통일 당시 서독과 동독
은 각자가 발행한 마르크 화폐를 썼지만 교환 비율은 달랐다. 국가재
정이 취약했던 동독의 화폐는 암시장에서 서독 화폐의 4분의 1에 교
환되고 있었다. 하지만 서독의 헬무트 콜Helmut Kohl 총리는 서독 사
람들이 희생하더라도 동독 사람을 끌어안아야 통일이 안정적으로 이
뤄질 수 있다는 신념이 있었다. 그래서 동독과 서독 마르크의 교환
비율을 1 대 1로 결정했다. 이 결정으로 동독 사람들은 엄청난 이익
을 봤는데 암시장에서 동독 화폐에 배팅했던 사람들도 4배의 이익을
얻게 됐다.

그렇다면 북한의 환율은 어떨까? 북한은 2009년에 화폐개혁을 단
행했다. 이후 현재 '북한 원'의 2020년 말 환율은 1달러당 7,000원 내
외로 알려져 있다. 한국의 원화 환율 1,100원과 비교하면 가치가 5분
의 1에도 못 미치는 셈이다. 짐 로저스는 혹시 평화통일이 되면 한국

이 독일처럼 화폐 교환 비율을 1 대 1이나 1 대 2로 너그럽게 해줄 것을 기대하는 듯하다.

하지만 필자는 한반도의 평화 통일 가능성보다 북한이 한 번 더 화폐개혁을 단행할 가능성을 더 크게 보고 있다. 화폐개혁을 하면 구권을 가지고 있는 짐 로저스는 큰 손해를 입게 될 것이다. 참고로 짐 로저스는 비트코인보다 금을 더 선호하는 입장이다. 짐 로저스의 명성은 세계적이다. 하지만 필자는 그가 금과 북한 화폐로는 큰돈을 벌지 못할 것으로 예상한다.

어쨌든 평화 통일로 인해 예상치 못한 화폐 교환 비율이 결정되더라도 비트코인을 가지고 있다면 손해 없이 상황을 관망할 수 있을 것이다. 그래서 우리로서는 북한과 전쟁을 하든 북한과 평화 통일을 하든 비트코인이 필요하다. 우리나라 사람들 역시 재산의 5% 정도는 경제적 보험 장치인 비트코인으로 보유하는 게 어떨까?

개인으로서 비트코인이 요긴하게 쓰인 또 하나의 사례를 들자면 2019년 말에 긴급하게 일본을 탈출한 닛산의 카를로스 곤Carlos Ghosn 회장의 사례를 꼽을 수 있겠다. 그는 배임 횡령 혐의로 일본 검찰에 체포돼 도쿄의 자택에 연금돼 있었다. 그런데 크리스마스 저녁에 탈출 전문팀의 도움을 받아 악기 상자에 몸을 숨겨 오사카 간사이 공항을 거쳐 고향인 레바논으로 탈출했다. 카를로스 곤 회장의 탈출에는 미군 특수부대인 그린베레 출신의 전직 요원들이 참여했다는 후문이다.

여기서 재미있는 건 마치 영화의 한 장면 같았던 카를로스 곤 회장의 일본 탈출에 비트코인이 활용됐다는 점이다. 탈출 성공 후 곤 회장은 보상금으로 미국의 가상자산거래소인 코인베이스를 통해 5억 5,000만 원(50만 달러) 상당의 비트코인을 탈출팀에게 지급한 것으로 알려졌다. 그 역시 긴박한 순간에 자신의 자산 보호를 위해 재산의 상당 부분을 비트코인으로 바꿔 코인베이스의 본인 계좌에 미리 송금해 놓은 것으로 추측된다. 일본으로서는 무척이나 격분할 사건이었지만 개인인 카를로스 곤 회장으로선 최선의 선택이 아니었나 싶다.

3장

금은 정말
안전자산일까

1

금은 과대평가돼 있으니
환상을 버려라

금은 수천 년간 인류의 화폐 역할을 해왔다. 그리고 불과 50년 전인 1971년에 닉슨 쇼크로 금본위제가 폐지될 때까지 독점적 지위를 누려왔다. 그래서 우리는 금을 여전히 영원한 화폐처럼 인식하는 경향이 있다. 이제 그만 환상에서 벗어나자. 금 가격이 초강세를 보인 구간은 미국 금의 고갈로 인해 금본위제 금지를 발표한 1971년 닉슨 쇼크 이후 1980년도까지 10년간의 구간에 불과하다.

그 이후 2000년까지 20년간은 금에 투자한 사람들에게 악몽 같은 암흑기가 왔다. 금 가격은 다른 자산인 주식, 부동산, 채권보다 아주 낮은 수익률을 기록했다. 금은 우리가 기대하는 인플레이션 파이터의 역할을 맡기기에는 너무나 부족한 상품이다. 이 주장을 믿기 어렵다면 금 수익률을 직접 확인해보자.

1971년 닉슨 쇼크 이후 10년간의 금 가격 랠리

	금 가격(1온스)	연간 상승률
1971년 말	44달러	17%
1972년 말	65달러	49%
1973년 말	112달러	73%
1974년 말	187달러	66%
1975년 말	140달러	△25%
1976년 말	135달러	△4%
1977년 말	165달러	23%
1978년 말	226달러	37%
1979년 말	512달러	127%
1980년 말	590달러	15%

(출처: 세계금협회WGC)

1971년의 닉슨 쇼크 이후 금 가격은 그야말로 폭등 랠리를 펼치게 된다. 1971년 말 44달러였던 금 가격은 10년간 상승을 거듭해 1980년 말에는 590달러로 마감했다. 투자자들은 1,478%라는 경이로운 수익률을 선물로 받았다. 그래서 그 10년 동안 금은 부동산처럼 매년 오르기만 하는 상품이라는 굳은 신뢰를 얻게 됐다. 사람들은 어떤 상품의 가격이 10년간 같은 방향으로 움직이면 절대 바뀌지 않는다고 믿게 된다.

이제 여기서 퀴즈가 나간다. 1980년부터 20년이 흘러 밀레니얼 시대인 2000년이 됐다. 과연 2000년 말의 금 가격은 얼마가 됐을까? 아마 독자들 대부분이 정답을 맞히는 데 실패했을 것이다. 정답은 20년 전인 590달러보다 53% 폭락한 274달러다. 이 20년간 금에 투자한 사람들처럼 어리석은 사람들을 찾기는 쉽지 않아 보인다. 과연 이래도 금은 안전자산인가?

2

금은 화폐와 아무 상관이
없는 상품이다

1971년 닉슨 쇼크 이후 금과 화폐의 연결고리는 완전히 끊어졌다. 금은 화폐와 아무 상관이 없는 상품이 됐다. 하지만 여전히 우리는 금을 신뢰하고 있다. 금이 화폐를 대신할 수 있다고 믿고 있다. 그건 우리만의 생각이 아니다. 각국의 중앙은행들도 마찬가지다. 그래서 아직도 중앙은행들은 금을 보유하고 있다.

현재까지 채굴된 금의 양은 총 19만 톤 수준으로 추정된다. 미국 중앙은행은 8,134톤을 보유해 전 세계 금의 4.3%를 갖고 있다. 뒤를 이어 독일, 이탈리아, 프랑스 등 유럽 중앙은행들도 상당한 양의 금을 갖고 있다. 그런데 오해하지 말아야 할 것은 이 금들은 최근에 매수한 것이 아니다. 과거 금본위제 때 갖고 있던 금을 팔지 않고 그대로 갖고 있어서 많아 보일 뿐이다. 미국은 기축통화인 달러화를 쓰고

중앙은행/단체 금 보유량(2020년 5월 기준)

순위	국가·단체	금 보유량	외환보유고 중 금 비중
1	미국	8,134톤	78.30%
2	독일	3,364톤	74.30%
3	국제통화기금IMF	2,814톤	
4	이탈리아	2,452톤	69.50%
5	프랑스	2,436톤	63.40%
6	러시아	2,299톤	21.10%
7	중국	1,948톤	3.20%
8	스위스	1,040톤	6.30%
9	일본	765톤	2.90%
10	인도	642톤	6.90%
35	대한민국	104톤	1.30%

(출처: 세계금협회WGC)

유럽은 유로화를 쓰기 때문에 외환보유액 자체가 적다. 그러다 보니 외환보유고 대비 금 보유량이 70% 이상으로 많아 보이는 착시 현상도 있다.

일본과 우리나라의 외환보유고 중 금 보유 비율은 2%에 불과할 정도로 금에 큰 비중을 두지 않고 있다. 만약 금의 뒷받침 속에서만 화폐를 발행할 수 있는 금본위제가 유지됐더라면 일본과 우리나라도 금 보유량을 높이기 위해 안간힘을 썼을 것이다. 하지만 외환보유고로 인정해주는 미국 국채는 적은 이자라도 주지만 금은 이자도 없다.

그래서 금에 대해 무관심하다. 이런 현실로 볼 때 금과 화폐와의 관계는 완전히 끊어졌다고 볼 수 있다.

우리나라가 금에 전혀 관심이 없었던 건 아니다. 한국은행은 2011년 이전만 해도 금 보유량이 14톤에 불과했다. 2011년과 2012년에 약 90톤의 금을 집중적으로 매입해 금 보유량이 104톤까지 증가했다. 그런데 당시는 금 가격이 상승세를 타던 시기라 상당히 비싸게 매입했다. 그러다 보니 한국은행은 국정감사 때 금 매수와 관련된 평가손실 문제로 국회의원들에게 질책을 받았다. 그래서 2012년 이후로 다시는 금을 매입하지 않았다. 다행히 2020년 들어 금 가격이 회복세를 타면서 금 트라우마에서는 벗어나는 모습이다.

이제 말도 안 되는 상상을 해보자. 만약 중앙은행이 금 대신 비트코인을 보유한다면 어떻게 될까? 일부 전문가들은 세계 주요 중앙은행들이 금 대신 비트코인을 비축자산으로 보유하게 될 것으로 전망하기도 한다. 그렇게 되면 정말로 세계 각국 중앙은행들이 비트코인을 공식적으로 인정하는 것이 된다. 이전부터 비트코인에 대해 회의적인 입장인 유럽 중앙은행의 크리스틴 라가르드Christine Lagarde 총재는 2021년 2월 콘퍼런스 콜에서 "중앙은행이 비트코인을 준비통화로 보유할 가능성은 희박하다."라며 정색했다. 하지만 미국이나 유럽 같은 주요 중앙은행이 아니라 개발도상국처럼 소외당하는 중앙은행들이라면 충분히 가능할 수 있다.

2021년 2월에 케냐 중앙은행의 패트릭 죠로제Patric Njoroge 총재는 "통화 가치 하락에 대응해 법정통화 일부를 비트코인으로 전환할 계획이다."라고 발표했다. 케냐도 우리가 1997년 때 그랬던 것처럼 IMF에게 혹독하게 당했던 것으로 보인다. 케냐의 법정화폐인 실링은 지난 10년간 달러 대비 50% 하락했다. 패트릭 죠로제 총재는 "IMF가 촉발한 실링 통화의 평가절하를 비트코인으로 해결할 수 있다. 이같은 결정은 전략적이고 합리적이다. IMF는 항상 실링이 과대평가됐다고 주장한다. 비트코인으로 이를 끝낼 것이다."라고 말했다.

케냐를 시작으로 그동안 소외당하던 아프리카, 아시아, 중남미의 개발도상국 중앙은행들이 외환보유고 중 일부를 달러나 금 대신 비트코인으로 보유하기 시작한다면 전 세계 기축통화인 달러의 위상이 약해지고 비트코인에는 새로운 날개를 달아주는 격이 될 수도 있다.

3

팬데믹에서 승자는 금이 아니라
비트코인이다

2020년에는 금 가격이 25%나 상승했다. 필자의 고객 중에 2020년에 금에 투자하는 게 어떠냐고 물어보는 분들이 많았다. 2021년에는 인플레이션에 대비해 금에 투자하라는 자산관리사PB들과 금융사들의 조언이 여전히 많은 편이다. 필자 생각에 이렇게 추천하는 자산관리자들은 1980년부터 2000년까지의 금 가격 폭락에 대해 잘 알지 못하는 것 같다. 재미있는 건 금보다 훨씬 더 성과가 좋았던 비트코인에 투자하라는 자산관리사는 도대체 찾아볼 수가 없다는 점이다. 물론 이유가 있다. 비트코인은 금융사 직원들이 추천할 수도 없고 중개할 수도 없는 상품이기 때문이다.

그렇다고 제도권 상품이라고 해서 모두 안전하다고 생각하면 오산이다. 금의 20년 하락 이외에도 흑역사 상품들이 많다. 예를 들자면

2010년부터 10년간 금융사 히트상품으로 절찬리에 판매됐던 브라질 국채에 투자한 투자자들의 수익률도 처참하다. 비과세 혜택을 고려하면 외견상 굉장히 매력적인 상품이었지만 금융사들의 낙관적인 분석과 달리 환율이 가장 최악의 시나리오로 흘러가 버려 큰 손실을 기록한 비운의 투자상품이 돼버렸다. 또 2010~2015년 사이에 절찬리에 판매됐던 금, 은, 원유 DLS도 처참한 손실률을 기록했다.

2021년이 되면서 인플레이션으로 인해 원자재 관련 상품들이 다시 인기를 끄는 것 같다. 원자재 상품들은 상승할 때 화끈하게 움직

최근 금 1온스 가격과 비트코인 1개 가격 비교

	금	연간 상승률	비트코인	연간 상승률
2011년 말	1,531달러	9%	(공식 데이터 없음)	(공식 데이터 없음)
2012년 말	1,658달러	8%	(공식 데이터 없음)	(공식 데이터 없음)
2013년 말	1,205달러	△27%	754달러	(공식 데이터 없음)
2014년 말	1,206달러	0%	320달러	△58%
2015년 말	1,060달러	△12%	431달러	34%
2016년 말	1,146달러	8%	964달러	124%
2017년 말	1,291달러	13%	14,156달러	1,369%
2018년 말	1,279달러	△1%	3,743달러	△74%
2019년 말	1,515달러	18%	7,194달러	92%
2020년 말	1,888달러	25%	29,002달러	303%
10년 누적 수익률		34%	7년 누적 수익률	3,746%

(출처: 세계금협회WGC, 코인마켓캡Coinmarketcap)

이는 경향이 있어서 인기가 많다. 하지만 원자재는 하락할 때도 굉장히 화끈하다는 걸 독자들이 명심했으면 하는 바람이다.

금은 정말 투자하기에 괜찮은 상품일까? 필자는 이 질문에 동의할 수 없다. 필자에게 금은 투자하기에는 그저 그런 상품이다. 좀 더 극단적으로 표현하자면 멍텅구리 자산이다.

만약 우리가 2012년 말에 1,658달러에 금 1온스를 매수했다고 가정해보자. 안전자산의 대표처럼 행세하는 금은 어이없게도 매년 하락해 3년 뒤인 2015년 말에 36% 폭락한 1,060달러로 마감됐다. 세상에 어떤 안전자산이 3년이 지나도 가격이 회복되지 않고 오히려 36%가 폭락할 수 있단 말인가? 그 이후로 무려 7년이 지난 2019년 말까지도 가격을 회복하지 못하고 1,515달러에 머물렀다. 금이 다시 상승세로 돌아선 건 8년이나 지난 2020년이 되면서다. 이런 자산은 객관적으로 볼 때 절대 좋은 자산이 아니다. 도대체 누가 원금 회복을 위해 8년을 기다린단 말인가? 금은 절대 안전자산이 아니다.

비트코인의 경우 2011년의 피자데이 때의 가격인 0.0030달러를 기준으로 하면 수익률이 어마어마하다. 하지만 그 당시는 워낙 초기였고 객관적인 데이터도 구하기 어려워 코인마켓캡이 객관적으로 산정한 2013년 말부터 비트코인 거래가격을 기준으로 수익률을 분석해봤다.

아마 2013년 말에 비트코인 1개를 754달러에 구매했다면 1년 만에 극한의 공포를 맛봤을 것이다. 바로 1년 뒤인 2014년 말에 58% 폭락한 320달러까지 하락했기 때문이다. 하지만 3년을 버텼다면 다시 964달러를 회복해 원금 회복은 물론 소소한 수익도 발생했을 것이다. 2017년 말에 1만 4,156달러에 비트코인을 매수했던 사람도 스트레스가 컸을 것이다. 다음 해인 2018년 말 비트코인 가격은 74% 대폭락한 3,743달러로 마감했기 때문이다. 하지만 역시 3년만 버텨냈다면 2020년 말에는 매수가격에서 2배 이상 상승한 2만 9,002달러의 기쁨을 누렸을 것이다. 물론 2018년 말 가격인 3,743달러에 매수한 사람은 2년 만에 675%라는 경이로운 수익률을 맛봤을 것이다.

금의 10년 수익률은 34%지만 비트코인의 7년 수익률은 3,746%로 110배의 수익률 차이를 보인다(물론 2011년 피자데이 때의 0.0030달러로 계산하면 960만 배가 올랐지만 이건 반칙이라 제외다).

4

금은 주가 폭락 때마다 폭락하는 불안전 자산이다

코로나19로 2020년 3월부터 4월까지 2개월간의 나스닥 지수는 −30% 이상 폭락했다. 그렇다면 인류가 처음 경험한 위기 기간에 안전자산의 대명사인 금은 상승했을까? 이 기간 금의 낙폭은 고점 대비 −12.5%다. 나스닥 지수의 아찔한 하락률에 비하면 금의 하락률은 상대적으로 양호했다고 말할 수 있다. 하지만 금이 −12.5%밖에 하락하지 않았으니 선방했다고 생각하는 투자자가 얼마나 될까?

금은 주가 폭락 때마다 같이 폭락했다. 금의 가격 변동성은 이번이 처음도 아니다. 오히려 주가는 상승하는데 금만 하락한 때도 있다. 2011년 8월부터 2015년 말까지 4년 3개월간 금 가격은 쉬지 않고 하락했다. 하락률이 무려 −30%가 넘는다. 같은 기간 나스닥 지수는 100% 가까이 폭등한 대세 상승 구간이라는 큰 대조를 보였다. 그래도 금은 안전자산이라고 해야 할까?

헤지펀드계의 대부로 불린 폴슨앤코의 존 폴슨John Paulson 회장은 미국 주택시장 버블로 인한 비우량주택담보대출 사태를 예측해 2007년과 2008년 사이에만 200억 달러의 수익을 올리며 월가의 실세로 부상한 전설의 투자자다. 그런 폴슨 회장이 2013년 초에 미국의 무제한 양적완화의 후유증으로 금값이 상승할 것으로 예측했다가 망신을 당했다. 폴슨 회장이 운영했던 금 펀드의 수익률은 −40%대까지 곤두박질치며 엄청난 굴욕을 당했다. 급기야 그는 "향후 금 투자에 대한 상세보고를 생략할 계획이니 너무 관심을 두지 말아 주십시오."라고 투자자들에게 요청하기에 이르렀다.

그럼에도 여전히 금을 사랑하는 사람들이 존재한다. 미국의 유명한 금 옹호론자로인 피터 시프Peter Schiff는 비트코인을 싫어하고 오직 금만이 옳다고 주장하고 있다. 하지만 그는 몇 년째 계속 틀리고 있다. 나는 그가 앞으로도 계속 틀릴 것으로 전망한다. 짐 로저스 역시 최근 인터뷰에서 주식보다 금과 은이 유망할 거라고 이야기했다. 하지만 짐 로저스 역시 틀렸다. 앞으로도 금보다는 비트코인이 훨씬 더 유망할 것이다. 그들의 말에 혹해서 금에 투자한 사람들은 아직도 비트코인의 화려한 수익률 대신 금의 초라한 수익률에 만족하며 언젠가는 금이 큰 수익을 줄 거라는 꿈에 부풀어 있다. 물론 필자는 그들의 꿈이 이루어지지 않으리라 전망한다.

5

비트코인을 금과 주식의
시가총액과 비교해보자

금의 시가총액은 얼마인가? 전 세계에서 유통 중인 금의 총량은 도 대체 얼마나 될까? 약 19만~20만 톤 사이로 추정되고 있다. 시장에 서 거래되는 금 가격은 보통 온스로 표기된다. 온스? 상당히 낯선 단 위다. 1온스는 28.349523그램이다. 하지만 이건 오답이다. 금을 거 래할 때는 트로이온스 단위를 쓴다. 1트로이온스는 31.1034768그 램이다.

1톤을 트로이온스로 변환하면 32,150.75트로이온스가 된다. 2020 년 말 기준 1트로이온스당 국제 금 가격은 약 1,888달러다. 지금 도 대체 뭐 하고 있는 거냐고? 전 세계 금 시가총액을 계산해보는 중이 다. 이제 산식을 만들어보자.

금의 시가총액은 약 11.5조~12.1조 달러로 추정해볼 수 있다. 이를 1,100원 환율로 원화 환산해보면 대략 1경 2,700조~1경 3,400조 원으로 계산된다.

금 190,000톤 × 32,150.75트로이온스 × 1,888달러 = 약 11.5조 달러 (약 1경 2,700조 원)

궁금증은 해결됐으니 이제부터는 편의상 금 시가총액을 대략 1경 3,000조 원으로 계산하겠다

앞에서 금의 총량을 19만~20만 톤 내외로 추정했다. 그런데 금은 더 이상 만들 수 없는 상품일까? 그건 아니다. 금은 매년 전 세계 주요 금광에서 꾸준히 채굴되고 있다. 금의 연간 채굴량은 평균 3,500만 톤 수준이다. 그래서 금의 총량은 매년 평균 1.8%씩 늘어나고 있다.

전 세계 금 채굴량(최근 5년)

	2016년	2017년	2018년	2019년	2020년
금 연간 채굴량	3,459톤	3,492톤	3,554톤	3,532톤	3,401톤
연간 채굴비율(채굴량 / 금 총량)	1.8%	1.8%	1.9%	1.9%	1.8%

(출처: 세계금협회WGC, 채굴비율은 필자 추정)

이제 의문이 생긴다. 앞에서 금의 시가총액을 약 1경 3,000조 원으로 추정했다. 그렇다면 이 금액은 도대체 얼마나 큰 것일까? 이 의문에 대한 해답을 찾기 위해 비교 대상으로 세계 1등 주식 애플의 시가총액과 전 세계 주식의 시가총액이 얼마나 되는지 살펴보자.

전 세계 주식 전체의 시가총액은 약 11경 원으로 추정된다. 금 시

전 세계 금 시가총액과 주식 시가총액 비교(2020년 12월 31일 기준)

	시가총액(달러)	시가총액(원화)
글로벌 주식 총 시가총액	100.0조 달러	11경 1,000조 원
금 시가총액	11.0조 달러	1경 3,000조 원
애플 주식(글로벌 1등) 시가총액	2.2조 달러	2,500조 원
비트코인 시가총액(2021년 3월 기준)	1.1조 달러	1,200조 원

(필자 추정액, 환율 1,100원 환산)

가총액 1경 3,000조 원의 9배 수준이다. 이렇게 보니 금의 시가총액이 생각보다 크지 않다는 느낌이 든다. 전 세계 1등 주식인 애플의 시가총액 2,500조 원과 비교해보면 5배 수준이다. 생각보다 금의 시가총액이 왜소해 보이는 건 필자만의 느낌인가?

다음은 비트코인을 보자. 필자가 비트코인을 분석할 때 가장 고민했던 건 시가총액 목표를 세계 1등 주식인 애플로 잡았을 경우 상승 여력이 크지 않다는 점이었다. 비트코인 시가총액이 이미 1,200조 원을 돌파해 애플 시가총액이 비트코인의 2배밖에 되지 않기 때문이다. 만약 비트코인이 애플을 따라잡는다면 비트코인 1개당 가격은 약 1억 5,000만 원이 된다.

물론 비트코인 시가총액이 벌써 1,200조 원이라니 버블이라고 생각하는 독자들도 많을 것이다. 하지만 2020년 한 해 동안 미국의 애플, 마이크로소프트, 아마존, 알파벳, 페이스북, 테슬라, 엔비디아 등 기업 가치가 가장 큰 7대 빅테크 기업들의 시가총액은 무려 3,700조 원이 증가했다. 이렇게 비교해보니 1,200조 원이라는 숫자가 생각만큼 엄청나게 큰 건 아닌 것 같다는 느낌이 든다.

어쨌든 만약 비트코인의 목표 시가총액을 글로벌 1등 주식 애플이 아니라 금으로 설정한다면 이야기는 확 달라진다. 비트코인의 목표가격은 무려 6억 원이 넘게 된다. 그렇다면 우리는 비트코인의 특성이 '주식'에 가까운지 아니면 '금'에 가까운지를 분석해야 한다.

4장

비트코인은
디지털 금일까

1

비트코인의 역사를
살펴보자

이제 비트코인의 역사에 대해 살펴보자. 필자는 비트코인의 기술적인 기능보다는 투자자의 관점에서 비트코인을 바라보고 있다. 그래서 비트코인에 투자해 돈을 벌 가능성이 큰지를 분석하는 데 초점을 맞추고 있다. 그래도 기본적인 상식은 있어야 하기에 비트코인의 기술적 본질에 대해서도 언급은 하되 최대한 간략히 하려 한다. 이점에 대해 미리 독자들의 양해를 구한다.

비트코인을 최초로 개발한 것으로 알려진 사토시 나카모토Satoshi Nakamoto의 정체는 아직 아무도 모른다. 이름만 보면 일본 사람 같은데 그의 정체는 전혀 알려지지 않았다. 그는 2008년 글로벌 금융위기로 미국 스탠더드앤드푸어스500 지수가 고점 대비 55% 이상 대폭락하던 2008년 10월에 비트코인과 관련된 9쪽의 논문 「비트코인

개인 간 전자화폐Bitcoin: A Peer-to-Peer Electronic Cash System」를 웹상에 공개했다. 이 논문을 우리 같은 일반 투자자가 모두 읽어볼 필요는 없다. 간단하게 요약하면 아래와 같다.

개인 간 전자화폐 시스템으로서의 비트코인

- 개인 간 직접적으로 거래 가능
- 제3자인 금융기관이 필요 없음
- 신뢰가 아니라 암호학적 증명에 기반을 둔 전자결제 시스템

사토시 나카모토는 분산된 개인 간 네트워크에서 암호학적 증명에 기반해 신뢰받는 제3자 없이 직접 거래하는 '디지털 화폐 시스템'이란 획기적인 아이디어를 세상에 내놓았다. 2009년 1월 3일에 드디어 비트코인이 처음 발행됐으며 2009년 2월 11일에 비트코인 코어 v0.1 프로그램이 공개됐다.

사토시 나카모토는 논문에서 "중앙은행은 통화 가치를 떨어뜨리지 않도록 신뢰할 수 있어야 한다. 하지만 화폐 통화의 역사는 그 신뢰의 위반으로 가득하다."라며 맹비난했다. 글로벌 금융위기 당시 미국 정부는 국민들의 피 같은 세금과 마구마구 찍어 낸 화폐를 투입해 대형 투자은행IB들을 파산에서 구제해주었다. 이로 인해 대형 투자은행들의 도덕적 해이와 대마불사라는 신화가 계속 이어진 것에 대한 깊은 반감과 분노가 생겨났다.

비트코인이 기존 화폐와 차별화된 최고의 장점은 뭘까? 정부가 원하면 얼마든지 마구마구 찍어 낼 수 있는 기존 화폐와는 달리 최

대 발행량이 제한돼 있다는 것이다. 최초 발행 이후 130년간 정확히 2,100만 개만 발행 가능한 한정판 화폐다(물론 비트코인이 아직 화폐의 지위를 확보한 건 아니다). 그래서 기존 화폐들과는 비교할 수 없이 귀한 대접을 받고 있다. 비트코인은 2020년 말 기준 약 1,860만 개가 발행됐으며 앞으로 240만 개가 더 발행될 예정이다.

비트코인이 기존 화폐와 차별화된 또 하나의 강점은 뭘까? 중앙집중적인 통제 없이 분권화된 최초의 화폐 시스템이라는 점이다. 기존 화폐 시스템은 정부나 중앙은행의 통제를 받는다. 화폐는 말할 것도 없고 신용카드를 사용할 때도 은행이나 카드사 같은 금융기관이 중앙집중적인 통제를 한다. 어찌 보면 상식적으로 당연하다. 그런데 이 상식을 무너뜨린 게 바로 비트코인이다. 비트코인은 중앙집중적인 정부나 은행의 개입 없이 개인들끼리 수평적으로 서로 연결돼 빠르고 안전한 거래가 가능하다.

이 개인 간의 수평적인 거래가 도대체 어떻게 안전할 수 있단 말인가? 안전할 수 있는 핵심적인 이유는 비트코인이 컴퓨터 공학의 유명한 난제였던 '비잔틴 장군들의 딜레마'를 풀어낸 블록체인 기술을 활용했기 때문이다. 비잔틴 장군들의 딜레마는 2013년에 튜링상을 수상한 레슬리 램포트Leslie Lamport가 동료 두 명과 1982년 논문에서 최초로 언급했다.

비잔틴 장군들의 딜레마
비잔틴제국 10명의 장군들이 각자 100명의 부대원을 이끌고 적군의 성을 공격하기 위해 모였다. 이 장군들은 서로 지리적으로 떨어져 있다. 추가적인 가정은 아래와 같다.

- 각 장군은 6명 이상이 같은 시간에 동시 공격해야만 적에게 승리할 수 있다.
- 각 장군은 동시 공격 시간을 정해서 연락병을 통해 연락할 수 있다.
- 각 장군은 지리적으로 가장 가까운 장군에게만 메시지를 보낼 수 있다.
- 각 장군 중 배신자가 있다. 배신자는 다른 공격 시간으로 메시지를 위조해 보낼 수 있다.
- 그래서 10명의 장군 중 5번째로 메시지를 받은 장군이 메시지를 위조해 6번째 장군에게 보내면 7번, 8번, 9번, 10번 장군이 모두 위조된 메시지로 인해 잘못된 공격 시간을 받게 된다. 배신자가 2명이나 3명이라면 더욱 복잡해진다. 이렇게 되면 실제 약속된 시간에는 1~4번까지 4명의 장군만이 동시 공격해 병력 부족으로 성 함락에 실패하게 된다.

어떻게 하면 배신자가 방해하는 상황에서도 적에게 승리할 수 있는 동시 공격 시간을 각 장군이 서로 정확하게 공유할 수 있을까? 블록체인 기술은 이 문제를 작업 증명PoW, Proof of Work이라는 합의 알고리즘 해법을 통해 해결했다.

블록체인 기술의 작동원리

- 모든 장군들이 수학 문제를 풀기 시작한다.
- 이 수학 문제는 장군들 모두가 참여하면 10분 정도 걸려 풀 수 있다.
- 해답을 먼저 찾아낸 장군은 모든 장군에게 해답을 공유한다.
- 첫 번째 문제의 해답이 공유되면 모든 장군들은 두 번째 수학 문제로 넘어가 다시 푼다.
- 두 번째 문제의 해답을 공유할 때는 첫 번째 문제의 해답과 이어 붙여 함께 공유한다.

- 세 번째 문제의 해답을 공유할 때는 앞의 첫 번째와 두 번째 해답에 이어 붙여 공유한다.
- 이런 식으로 10분씩 문제를 풀고 계속 연결해서 해답을 공유하는 과정을 여러 번 반복한다.
- 이 과정을 거쳐 드디어 장군들은 서로 간에 신뢰가 형성된다. 장군들의 과반수 이상이 수학문제를 푸는 과정에 참여했고 10분마다 문제와 해답을 공유하면서 그만큼 길어진 '해답 체인'을 배신자가 독자적으로는 만들어낼 수 없다는 사실을 신뢰하는 것이다.

'블록체인 기술의 작동원리'를 자세히 읽어보면 비잔틴 장군들의 딜레마에서 정해준 제약조건들을 모두 지킨 것 같지는 않다. 그냥 실질적인 블록체인 기술의 작동원리 정도로만 이해하도록 하자.

좀 더 학문적인 블록체인의 의미는 다수의 거래정보를 묶어서 블록block에 담아 체인chain으로 연결해 전 세계의 수많은 컴퓨터가 동시에 이를 복제해 저장하는 분산형 데이터 저장 기술이다. 누구나 열람할 수 있는 장부에 거래 내역을 투명하게 기록한 것이 특징이다. 해커 같은 외부의 악의적인 사용자가 데이터를 조작하려 해도 최소 과반수 이상의 참여자들의 거래 데이터를 모두 공격해야 하는 형태라서 사실상 해킹이 어렵다.

블록체인의 고질적인 단점은 느린 처리 속도다. 블록체인 기술을 기반으로 하는 비트코인으로 거래하면 신용카드나 현금을 통해 즉시 결제하는 것에 비해 오랜 시간을 대기해야 거래가 완료된다. 하지만 비트코인은 거래 수단보다 가치 저장 수단으로 더 인정받는 추세라서 거래 속도가 그렇게 중요하지는 않다.

결론적으로 비트코인에 담긴 블록체인 기술은 지리적으로 전 세계에 흩어져 있는 장군들(분산된 컴퓨터 네트워크) 중에서 일부분의 배신자(해킹이나 오류 발생)가 나오더라도 배신자를 제외한 나머지 장군들이 완전한 '의견 일치(컨센서스)'를 보게 되는 환상적인 시스템이다. 사토시 나카모토가 블록체인 기술을 활용해 2009년 1월 3일에 최초로 블록이 채굴(암호화 문제를 풀어 비트코인이 생성되는 것을 금 채굴에 빗댄 표현)되면서 첫 비트코인이 탄생했다.

미국 달러는 중앙은행에서 지폐를 마구마구 인쇄해서 발행한다. 그렇다면 비트코인은 실제로 어떻게 발행될까? 금처럼 채굴하여 발행된다. 비트코인은 발행 주체 없이 수많은 참여자가 앞에서 설명한 대로 컴퓨터를 이용해 암호화 문제를 풀면 비트코인이 일정량 만들어지도록 보장돼 있다. 이를 채굴이라 한다.

암호화 문제 풀이(작업증명) + 비트코인 생성(보상) = 채굴

많은 컴퓨터가 문제를 풀수록 문제의 난도가 높아져 전체 비트코인 시스템의 보안성이 더 강화된다. 개인용 컴퓨터로 비트코인을 채굴하는 시대는 진작에 끝났다. 비트메인 같은 전문 채굴업체들이 비트코인 전용 채굴기를 개발해 전문적으로 채굴하는 방식을 쓴다.

2

비트코인은 미래의 화폐가
될 수 있을까

　최초에 비트코인은 개인 간 네트워크 기반의 분권화된 디지털 가상화폐로 정의됐다. 그래서 비트코인을 디지털 화폐라고 생각하는 사람도 많다. 하지만 현재까지 그 어느 나라에서도 비트코인을 공식적으로 화폐로 인정한 곳은 없다. 먼 미래에는 화폐의 지위를 차지할지도 모르겠지만 현재 비트코인은 화폐가 아니다. 그리고 비트코인은 실물이 없다. 그런데 어떻게 컴퓨터 안에서만 돌아다니는 아무짝에 쓸모없는 것 같은 비트코인으로 물건을 살 수 있을까? 이건 비트코인이 발행된 초창기부터 지금까지 지속적으로 제기된 논란이다.

　2009년 1월 3일에 비트코인이 처음으로 발행된 후 1년 4개월이 지난 2010년 5월에 미국에서 재미있는 일이 있었다. 미국 플로리다에 사는 라슬로 핸예츠Laszlo Hanyecz라는 소프트웨어 개발자가 인터넷 비트코인 포럼 게시판에 '1만 비트코인을 줄 테니 라지 사이즈 피자 두 판을 시켜주세요.'라는 내용의 글을 올린 것이다. 이 글을 보고 영국에 사는 어떤 사람이 라슬로 핸예츠가 사는 동네의 피자가게에 19파운드(당시 환율로 약 30달러)를 주고 피자 두 판을 주문한 것으로 알려졌다. 대략 계산하면 1비트코인당 0.0030달러로 원화로 계산하면 약 3원이다. 라슬로 핸예츠는 4일째 되던 2010년 5월 22일에 파파존스 라지 사이즈의 피자 두 판을 먹는 사진을 인증하며 1만 비트코인과의 거래가 성공적으로 성사된 것을 세상에 알렸다(엄밀히 말하면 피자가게에 직접 비트코인을 주고 피자를 사 먹은 게 아니므로 직접 거래라고 할 수는 없다).

당시에는 비트코인으로 피자를 살 수 있다는 것에 모두 재미있어 하며 장난기 섞인 반응을 보였다. 지금은 이 거래일을 '비트코인 피자데이'라 부른다. 비트코인 역사에 영원히 기록될 것이다. 비트코인 업계에서는 매년 5월 22일을 기념일처럼 챙기고 있다. 국내 3대 거래소인 빗썸, 업비트, 코인원도 매년 5월 22일에 '비트코인 피자데이'를 기념해 자사 고객들에게 무료로 피자를 나눠주는 행사를 진행해왔다.

재미있는 건 이 피자 두 판의 가격은 그 당시 30달러 수준이었다는 점이다. 11년이 지난 지금 이 피자 가격이 아무리 많이 올랐어도 60달러 수준으로 추정된다. 그런데 비트코인은 2020년 3월 기준 1개당 7,000만 원이다. 그러니 1만 비트코인은 무려 7,000억 원이 된다. 이 슈퍼 초울트라 럭셔리 피자 2개의 가격은 앞으로도 매년 더

비트코인 최초 거래일부터 11년 뒤 가격 상승률

	2010년 5월 22일	2021년 3월 15일	상승률
1비트코인 가격	3원	7,000만 원	23,000,000배

올라갈 것으로 기대된다. 만약 저 시점을 비트코인의 최초 거래가격으로 계산하면 비트코인은 11년 동안 도대체 얼마나 오른 걸까?

　비트코인이 유명해진 이유는 여러 가지가 있다. 그중 가장 큰 이유는 폭발적인 가격 상승이다. 2009년 1월 3일 처음 발행됐을 당시에는 비트코인은 거래 자체도 잘 되지 않았고 2010년 5월 22일 피자데이 때 가격은 3원에 불과했다. 하지만 12년이 지난 2021년 기준 비트코인의 가격은 2,000만 배 이상 올랐다. 워낙 비현실적인 가격 상승률이라 들을 때마다 다시 숫자를 확인하곤 한다.

3

왜 헤지펀드와
기관 투자자들이 매수할까

비트코인이 가장 많이 거래되는 나라는 어디일까?

비트코인이 가장 많이 거래되는 나라는 미국이다. 미국은 개인 투자자들에 이어 헤지펀드와 기관 투자자들도 본격적으로 매수에 뛰어들기 시작해 비트코인 거래가 가장 활발하다. 그렇다면 2위는 어디일까? 코인힐스Coinhills의 '국가통화별 비트코인 거래량' 자료로 비트코인을 가장 많이 거래하는 5개 국가를 정리해보았다.

다음의 표는 국가별 비트코인 보유량을 보여주는 게 아니라 비트코인이 24시간 동안 어느 나라 통화로 거래됐는지를 보여주는 자료다. 매일매일 거래량은 달라질 수 있고 거래량과 보유량이 일치하는 것도 아니니 정확한 보유량 파악은 어렵다. 하지만 비트코인 거래량이 많은 나라를 확인할 수 있는 의미 있는 자료다. 물론 달러로 거래된다고

비트코인 거래량 상위 5개 국가 통화(2021년 3월 15일 기준)

순위	국가통화	점유율	비트코인 거래량
1	미국 달러	82.0%	363,882개
2	일본 엔	6.0%	26,664개
3	유럽 유로	4.6%	20,356개
4	한국 원	4.5%	20,201개
5	터키 리라	1.0%	4,199개
6	기타	1.9%	8,747개

(출처: 코인힐스)

해서 모두 미국에서 거래되는 건 아니라는 점은 고려해야 한다.

예상대로 미국 달러 점유율이 82%로 압도적으로 높다. 2위는 일본으로 6%다. 유럽은 4.6%로 3위, 한국은 4.5%로 4위를 차지하고 있다. 유럽과 한국의 거래량이 비슷한 게 눈에 띈다. 이 자료로 추정해볼 때 한국에는 비트코인 부자들이 많이 숨어 있을 것 같다. 터키는 최근 경제위기를 겪으면서 리라화 가치가 많이 폭락했는데 그래서인지 비트코인 선호도가 높아 거래 규모로 당당히 5위를 차지했다.

특이하게도 세계 2위의 경제력을 자랑하는 중국이 거래량 상위 순위에 없다. 중국 정부에서 2017년부터 비트코인 거래를 불법으로 규정했기 때문이다. 그래서 세계 1위 암호화폐 거래소인 바이낸스는 본사를 싱가포르 등 다른 나라로 이전했다. 그렇다면 중국에서는 더는 비트코인이 거래되지 않는 걸까? 그렇지는 않다. 조심스럽고 은밀하게 거래되는 변두리 산업으로 중국에서 계속 번창하고 있다. 중국에서는 개인이 매년 미화 5만 달러(약 5,500만 원) 미만으로만 외환을 구매할 수 있어서 비트코인 같은 암호화폐를 통해 제한을 피해 가는 사람들도 많다.

비트코인을 가장 많이 채굴하는 나라는 어디일까?

현재 비트코인을 가장 많이 채굴하고 있는 나라는 어디일까? 아이러니하게도 중국이다. 거래는 금지했지만 채굴은 금지하지 않는 중국식 규제 정책은 언제나 우리를 놀라게 한다. 우리가 비트코인 채굴과 관련해 가장 많이 듣는 단어가 바로 해시레이트hashrate다. 비트코인은 복잡한 수학 문제를 해결해야 보상을 받는다. 해시레이트란 비트코인 채굴을 위한 컴퓨터의 연산 처리 능력을 측정하는 단위다. 쉽게 설명해 채굴기의 성능이 뛰어날수록 또 채굴기의 개수가 많을수록 해시레이트 수치가 높아져 비트코인을 채굴할 확률이 높아진다.

중국의 비트코인 채굴시장 점유율은 해시레이트로 유추해볼 수 있다. 암호화폐 데이터를 제공하는 메사리Messari의 보고서에 따르면 중국은 비트코인 해시레이트의 65%를 확보하고 있다. 중국정부가 비트코인을 규제하는 상황에서도 중국의 해시레이트는 미국(7.24%), 러시아(6.9%), 베네수엘라(0.43%)와 비교가 안 될 정도로 압도적이다. 중국에서 비트코인 채굴산업이 활발한 첫 번째 이유는 전기료가 저렴하기 때문이다. 두 번째 이유는 채굴왕 우지한吳忌寒이 초기 시장을 잘 개척했기 때문이다.

그런데 비트코인 채굴에는 치명적인 단점이 있다. 바로 채굴에 막

중국 채굴왕 우지한

우지한은 중국의 초기 비트코인 채굴 시장을 개척한 전설적인 인물이다. 그는 베이징대학교 경제학과를 수석으로 졸업하고 사모펀드 매니저로 일한 금융 전문가다. 2011년 사토시 나카모토가 쓴 비트코인 백서를 중국어로 완벽히 번역해 유명세를 탔다. 여기서 영감을 얻어 전 재산 10만 위안(약 1,700만 원)으로 1달러(약 1,100원)도 안 되는 가격에 약 2만 개의 비트코인을 매수했다. 비트코인 가격은 2년 만에 1,000배가 폭등했다. 이때 확보한 자금으로 2013년 5월에 반도체 엔지니어인 잔커퇀詹克団과 함께 채굴기 제조업체인 비트메인을 공동 창업했고 6개월 만인 2013년 11월에 우수한 성능의 비트코인 채굴기를 개발했다. 그런데 2014년 초에 1등 암호화폐 거래소였던 마운트곡스가 해킹으로 파산하면서 비트코인 가격과 채굴기 가격도 같이 폭락했다. 당시 대규모 채굴업체 가운데 오직 비트메인만 버텨냈고 경쟁 업체들은 대부분 문을 닫았다.

2015년에 시장이 다시 살아나면서 비트메인의 대표적 채굴기 시리즈인 앤트마이너가 폭발적으로 팔리기 시작했다. 특히 기존 그래픽카드 방식의 채굴기 성능을 획기적으로 개선해 암호화폐 채굴에 특화된 주문형 반도체 칩 방식인 에이식 채굴기를 만들어 시장에서 호응을 받았다. 후발주자였던 비트메인은 이 채굴기로 글로벌 시장 점유율을 70%까지 끌어올렸다. 또한 비트메인은 세계 최대의 마이닝풀인 앤트풀을 운영하고 있다. 마이닝풀이란 비트코인 등을 채굴하기 위해 여러 대의 채굴기를 연결해 한 대의 슈퍼 컴퓨터처럼 작동하는 네트워크를 말한다. 일종의 채굴 조합인데 그중 앤트풀의 점유율이 가장 높다. 우지한은 기존 비트코인을 하드포크하는 방식으로 2017년에 비트코인 캐시라는 새로운 코인을 만들기도 했다. 암호화폐 업계에서 굵직한 일을 많이 해냈지만 비트메인의 공동 창업자인 잔커퇀과의 경영권 분쟁 끝에 2020년 말에 비트메인을 떠났다.

대한 전기가 소모된다는 사실이다. 2021년 케임브리지대학 연구진은 비트코인 등의 가상자산 채굴로 연간 121테라와트시의 전력이 소비되고 있다며 이는 세계 30위권 전력소비국인 아르헨티나를 뛰어넘는 수준이라고 발표한 바 있다. 비트코인이 희소성을 유지하는 가장 강력한 이유는 총 발행량이 2,100만 개로 제한돼 있기 때문이다. 2020년 말 기준 비트코인은 89%인 1,860만 개가 채굴됐다. 이제 11%인 240만 개만 남아 있다. 비트코인 채굴 가능 수량은 2,140년이 되면 모두 고갈된다.

비트코인은 대략 10분마다 1개의 블록이 생성된다. 그래서 한 시간에 6개, 하루에 144개, 1년에 총 5만 2,560개의 블록이 생성된다. 이 1개의 블록이 생성될 때마다 비트코인 6.25개가 보상으로 주어진다. 그러니 1년 공급량을 계산해 보면 2021년 한 해 동안 약 32만 8,500개의 비트코인이 채굴된다는 뜻이다.

1년간 5만 2,560개(블록 생성) × 6.25개(비트코인 보상) = 32만 8,500개

처음부터 1블록당 6.25개를 보상해준 건 아니다. 원래 2009년에 처음 비트코인이 나왔을 때는 지금의 8배인 블록당 50개의 비트코인이 보상으로 주어졌다. 왜 이렇게 보상개수가 줄어든 걸까? 바로 비트코인의 반감기 때문이다.

비트코인은 반감기가 지나고 나면 폭등할까?

비트코인의 반감기란 말 그대로 비트코인의 채굴량이 절반으로 줄어드는 시기를 말한다. 비트코인은 블록 21만 개가 쌓일 때마다 비트

비트코인의 반감기별 채굴량과 금의 공급량 추정

연도	비트코인 연간 채굴량	채굴 비율 (채굴량/비트코인 총량)	금 연간 채굴량	채굴 비율 (채굴량/금 총량)
2009년	2,628,000개	100.0%	3,500톤	2.1%
2012년	1,314,000개	12.5%	3,500톤	2.0%
2016년	657,000개	4.2%	3,500톤	1.9%
2020년	328,500개	1.8%	3,500톤	1.8%
2024년	164,250개	0.8%	3,500톤	1.6%
2028년	82,125개	0.4%	3,500톤	1.5%
2032년	41,063개	0.2%	3,500톤	1.4%

(비트코인과 금의 과거 채굴량 데이터를 최대한 단순화한 필자 추정치)

코인 채굴에 대한 보상이 절반으로 뚝 떨어지도록 설계돼 있다. 1년에 52,560개의 블록이 생성되니 대략 4년이 지나 21만 개의 블록이 쌓이면 반감기가 도래한다. 그래서 4년마다 비트코인의 공급량이 절반씩 줄어들게 된다. 비트코인은 2009년 첫 등장 이후 세 번의 반감기를 거쳤다. 2009년에 처음으로 비트코인을 생성하기 시작했을 때의 채굴 보상은 블록당 50개였다. 2012년에 첫 반감기를 거치면서 채굴 보상이 25개로 줄어들었다. 다시 2016년 7월의 두 번째 반감기 이후 블록당 채굴 보상은 12.5개로 줄어들었다.

가장 최근인 2020년 5월의 세 번째 반감기 이후 비트코인의 채굴 보상은 6.25개로 줄어들었다. 정확히 절반씩 줄어든다고 해서 반감기라는 단어를 쓴다. 앞으로도 약 4년 주기인 2024년과 2028년에 또다시 반감기가 도래할 예정이다. 반감기가 중요한 이유는 반감기 이후에는 시차를 두고 비트코인 가격이 올랐기 때문이다. 이론적으로 채굴자들이 판매할 수 있는 비트코인 양이 절반으로 줄어들면 수요자들이 구매할 수 있는 비트코인 양도 줄어든다. 2021년 현재 비트코인의 1일 채굴량은 약 900개 수준이고 연간 채굴량은 32만 8,500개 수준으로 공급 비율은 1.8%에 불과하다.

앞의 표를 유심히 살펴보면 첫 번째와 두 번째 반감기를 지난 2016년까지는 연간 비트코인 공급량이 약 65만 7,000개로 전년 대비 4.2%가 증가해 공급이 넘쳐났던 시기다. 반대로 금의 연간 공급량은 3,500톤으로 전년 대비 1.9%가 증가해 비트코인의 공급량이 금보다 2배 이상 많았다. 하지만 세 번째 반감기인 2020년 이후 비트코인 공급량은 절반이 뚝 떨어진 연간 1.8% 증가에 그쳤다. 하지만 금의 공급량은 여전히 연간 1.8%를 유지해 드디어 비트코인과 금의 연간 공급량이 같아졌다.

그렇다면 네 번째 반감기인 2024년에는 어떻게 될까? 비트코인의 연간 공급량은 0.8%로 대폭 하락하고 금의 연간 공급량은 1.6%를 유지해 비트코인의 공급량이 금의 절반 수준으로 뚝 떨어지게 된다. 여섯 번째 반감기인 2032년이 되면 비트코인의 연간 공급량은 고작 0.2%에 불과해 금의 연간 공급량 1.4%의 7분의 1 수준으로 폭락하게 된다. 이 표를 통해 왜 비트코인이 금보다 훨씬 귀한지를 설명할 수 있다. 시간이 갈수록 비트코인의 공급량은 줄어들고 정반대로 수요는 계속해서 커질 수밖에 없다. 비트코인이 반감기 때마다 큰 폭으로 폭등할 수밖에 없는 이유다.

그렇다면 반감기가 지난 이후 비트코인의 가격은 어떻게 변해 왔을까? 2012년의 첫 번째 반감기 직후 비트코인 가격은 급등하기 시작했다. 하지만 2016년의 두 번째 반감기 직후에는 가격 변화가 크지 않다가 1년여의 시차를 두고 비트코인 가격이 서서히 상승하기 시작했다. 일각에서는 이를 두고 반감기의 영향이 뒤늦게 나타난 것으로 풀이했다. 2020년의 세 번째 반감기 이후에도 가격은 지속적으로 상승하고 있다.

가상자산 시장에서 비트코인의 점유율은 어느 정도일까?

원래 2016년 말까지 비트코인의 가상자산 시장 시가총액 점유율은 95% 이상이었다. 하지만 2017년에 이더리움을 선두로 한 일명 알트코인들이 급부상하면서 비트코인의 점유율이 37%대까지 추락하는 대변혁기가 도래했다. 이때는 가상자산 시장에 광풍이 불 때여서 기술적으로 유망하다고 판단되는 가상자산들의 경우 단기간에 급등하는 일이 흔했다. 그래서 비트코인의 압도적인 점유율이 상당 부분 축소되며 여기저기서 수많은 영웅이 난립하는 군웅할거의 시대였다.

비트코인 점유율(단위: %)

2014년 말	2015년 말	2016년 말	2017년 말	2018년 말	2019년 말	2020년 말
98.30	98.60	95.40	37.60	56.20	67.50	71.30

하지만 2020년 말에 다시 71%라는 압도적인 점유율을 기록하며 왕이 귀환하는 모습을 보여주고 있다. 필자는 비트코인의 점유율이 장기적으로는 80% 이상으로 올라갈 것으로 전망한다. 시장에서 비트코인과 이더리움 2개만이 의미 있게 생존해 가지 않을까 하는 생각도 든다.

물론 2021년에 들어서면서 다시 알트코인들의 점유율이 높아지고 있다. 이는 가상자산 시장이 성장하면서 발생하는 자연스러운 현상이다. 상당수의 알트코인 수익률이 비트코인의 수익률을 뛰어넘고 있지만 이는 일시적인 현상이다. 최후의 그 순간까지 생존하는 알트코인은 많지 않을 것으로 예상한다.

4

비트코인의 가치 저장 기능이
점점 강해진다

비트코인은 가치 저장 기능에서 가장 뛰어나다

화폐란 무엇일까? 화폐의 3대 기능은 교환의 매개 기능, 가치의 척도 기능, 가치의 저장 기능이다. 교환의 매개 기능이란 물건이나 서비스를 사고팔 수 있는 기능이다. 가치의 척도 기능이란 집이나 자동차나 냉장고 같은 상품의 가치를 나타낼 수 있는 기능이다. 마지막으로 가치의 저장 기능은 화폐 그 자체가 가치를 지니고 있는 기능이다.

그렇다면 비트코인은 화폐인가? 당연히 비트코인은 지금 화폐가 아니다. 그렇다면 비트코인은 영원히 화폐가 될 수 없을까? 그건 아닐 것이다. 미래에는 화폐가 될 가능성이 여전히 존재한다. 비트코인은 화폐의 3대 기능 중 가치의 척도 기능이 제일 약하다. 가치를 평가하려면 비트코인의 가격이 변동 없이 일정해야 한다. 그런데 비트코인의 하루 등락률을 보라. 가격 변동성이 너무 크다. 한편으로는 이 가격 변동성은 비트코인의 엄청난 매력이기도 하다. 장기적으로 비트코인은 꾸준히 상승하는 쪽으로 변동해왔기 때문이다.

비트코인은 교환의 매개 기능도 약한 편이다. 아직 비트코인으로 물건을 결제할 수 있는 곳은 많지 않다. 하지만 앞으로는 페이팔, 스퀘어, 테슬라 같은 회사들이 점점 비트코인으로 결제가 가능하도록 지원할 예정이다. 그래서 이 기능은 시간이 지날수록 개선될 가능성이 크다. 그럼 가치의 저장 기능은 어떨까? 비트코인은 가치의 저장 기능에서 금을 포함해 주식, 부동산, 인류가 만들어낸 그 어떤 것들보다 뛰어나다. 비트코인이 쉬지 않고 상승하면서 가치의 저장 기능이 점점 더 강해지고 있다. 이게 비트코인의 가장 큰 매력이자 강점이다.

비트코인은 내구성과 희소성에서 금을 앞지른다

비트코인은 내재 가치가 없다. 금은 내재 가치가 있는가? 둘 다 아무 가치가 없다. 그렇다면 남는 건 뭘까? 그냥 둘 다 수요와 공급에 따라 거래되는 거래가격만 존재할 뿐이다. 그런데 비트코인이 전통적인 가치 저장 수단인 금보다 좋은 이유가 뭘까? 금과 달리 엄청난 희소성을 자랑하기 때문이다. 비트코인의 최대 발행량은 2,100만 개로 이미 정해져 있다. 지구상에 존재하는 다이아몬드나 금보다 훨씬 희귀하다고 할 수 있다. 그래서 비트코인은 '디지털 금'이다. 금의 연간 공급량은 1.8% 수준이지만 비트코인은 다음 반감기인 2024년이 되면 연간 공급량이 0.8%로 뚝 떨어진다. 4년마다 도래하는 반감기 때마다 계속해서 공급량이 반 토막 나게 설계돼 있다.

또 금이 운반하기에 나쁜 건 아니지만 1억 원, 5억 원, 10억 원으로 액면가가 높아질수록 골드바의 부피와 무게도 커질 수밖에 없다. 수량이 많아질수록 사람들 눈에도 더 잘 띄게 된다. 이런 측면으로 보면 금의 운반이 쉬운 건 아니다. 반면에 비트코인은 1억 원이든 100억 원이든 상관없이 클릭 한 번으로 이메일처럼 전 세계의 국경을 자유롭게 넘나든다. 심지어 눈에 보이지도 않는다. 그러니 이동성 측면에서 금과 비교가 안 되게 편리하다.

내구성 측면에서 보면 금의 내구성은 아주 뛰어나다. 하지만 디지털 형태인 비트코인의 내구성이 더 뛰어나다고 할 수 있다. 굳이 하나 더 덧붙인다면 금은 지구에서는 귀한 광물이지만 우주 전체에서는 흔한 편이다. 금이 많이 매장된 소행성들이 존재하기 때문이다. 그래서 우주 항공 기술이 발달할수록 금의 가치는 더 떨어질지도 모른다.

비트코인은 전통 투자자산들과 상관관계가 낮다

고객 자산규모 7,000조 원이 넘는 미국 최대 자산운용사 피델리티 인베스트먼트가 2020년 10월에 「대체투자로서의 비트코인의 역할」이라는 보고서를 발표하며 비트코인을 대체투자 자산 후보로 검토했다. 특히 이 보고서에서 가장 흥미로웠던 부분은 비트코인과 전통적인 다른 투자자산들과의 상관관계가 극도로 낮았다는 점이다.

비트코인 1일 수익 상관관계(롤링 30D) (2015. 1~2020. 9)

	비트코인	미국 주식	미국 중소형주	하이일드 채권	리츠	금	글로벌 주식	이머징 마켓
비트코인	1.00	0.15	0.14	0.05	0.11	0.11	0.14	0.10

(출처: 피델리티 보고서 중 일부, 모닝스타, 포트폴리오 비주얼라이저)

위 표를 보자. 비트코인과 다른 자산(미국 주식 등)과의 상관관계는 1에 가까울수록 가격이 비슷하게 움직인다. 반대로 0에 가까울수록 가격이 반대로 움직인다. 비트코인의 경우 그 어떤 투자자산과도 상관관계가 0.2를 넘지 않는다. 전통적인 투자자산들과 비트코인의 가격은 다르게 움직인다는 뜻이다. 결론적으로 비트코인을 포트폴리오 구성에 포함하면 다른 투자자산들과의 분산투자 효과가 극대화돼 유용할 수 있다.

특히 놀라웠던 점은 금과 비트코인의 상관관계가 고작 0.11에 불과하다는 사실이다. 이는 일반인들의 막연한 상식과는 차이가 크다. 많은 사람이 아직도 비트코인이 금 가격과 비슷하게 움직일 거라고 오해하고 있으니 말이다.

미국 정부의 양적완화는 비트코인을 더 귀하게 만든다

미국의 2020년 연방정부 총수입은 약 3,762조 원(3조 4,000억 달러)이다. 반면에 2020년 연방정부 총지출은 2배에 가까운 7,207조 원(6조 6,000억 달러)이다. 쉽게 설명하면 1억 원의 연봉을 받는 직장인이 1년 동안 2억 원을 쓴다는 얘기다. 그렇다면 부족한 1억 원은 어디서 조달할까? 대출을 받으면 된다. 미국 정부가 대출을 받는 방법은 간단하다. 적자 국채를 발행하면 된다.

미국 정부가 적자 국채를 발행한 만큼 연준은 시장에서 국채를 매수해 연준의 대차대조표상 자산이 늘어나게 되고 연준은 다시 그만큼 달러를 인쇄하면 된다. 코로나19 전염병으로 2020년에 미국의 지출이 급증했다. 2021년에는 좀 나아졌을까? 2021년 3월에 바이든 행정부는 2,090조 원(1조 9,000억 달러)의 경기부양책을 통과시켰다. 달러 찍어 내기는 오늘도 계속되고 있다. 비트코인 폭등의 최고 도우미는 미국 정부라고 볼 수 있다.

비트코인은 네트워크 효과 때문에 폭등한다

금과 비트코인 중 무엇을 더 선호하는가? 그것이 중요하다. 지금 이 시점에서 말이다. 1971년의 닉슨 쇼크 이후에 금과 달러의 연관성은 거의 끊어졌다. 그래서 달러 가치가 아무리 폭락해도 그 가치 하락만큼 금이 상승하지 않고 있다. 대신 비트코인은 달러 가치 하락분보다 훨씬 큰 폭으로 폭등하고 있다. 그 이유가 뭘까?

바로 네트워크 효과 때문이다. 네트워크 효과란 미국의 경제학자인 하비 라이벤스타인Harvey Leibenstein이 처음으로 주장한 개념이다. 어떤 상품에 대한 수요가 형성되면 이것이 다른 사람들의 상품 선택에도 영향을 미치는 현상을 말한다. 이게 무슨 말일까? 한국에서 가장 널리 쓰이는 카카오톡을 생각해보자. 카카오톡에 100명이 가입했을 때는 그 영향력이 크지 않았을 것이다. 하지만 카카오톡을 써본 사람들이 친구들에게 권해서 가입자 수가 시간이 지날수록 급격히 늘어나게 된다.

네크워크 효과는 서비스의 품질보다는 얼마나 많은 사람이 사용하는지가 더 중요하다. 사용자들이 몰리면 몰릴수록 사용자 수가 계속 늘어나게 된다. 그 과정에서 카카오톡의 가치도 기하급수적으로 상승하게 된다. 결국 지금 대부분의 국민이 카카오톡을 쓰고 있다. 다시 바꿔서 질문해보자. 카카오톡이 가치 있는 이유가 뭘까? 주위 사람 모두가 카카오톡에 가입했기 때문이다. 네트워크 이론은 이와 비슷하게 팩스기에도 적용할 수 있고 미국 달러에도 적용할 수 있다. 마찬가지로 비트코인도 네트워크 효과에 기반을 두고 있다.

전 세계 인구수는 77억 명이다. 이 중 현재 비트코인을 보유한 인구는 얼마나 될까? 크립토닷컴이 발표한 보고서에 따르면 2021년 1월 기준 비트코인 보유자를 7,100만 명, 이더리움 보유자를 1,400만 명으로 추정하고 있다. 필자는 결국 이 인구수는 페이스북 서비스 이용자 수인 30억 명 수준으로 증가할 것으로 예상한다. 현재 사용자 수의 30배 이상 증가 여력이 있다고 보기 때문이다.

사용자 수가 늘어난다는 건 그만큼 비트코인을 신뢰하고 믿는 사람들이 늘어난다는 뜻이다. 실질적으로 금은 아무 가치가 없다. 하지만 사람들은 여전히 금에 대해서 가치가 있다고 믿고 있다. 금과 마찬가지로 비트코인 사용자 수가 늘어나면 늘어날수록 비트코인에 대해서도 가치가 있다고 믿게 된다. 비트코인의 신용도는 사용자가 점점 늘어나면서 달러보다 더 탄탄해질 수 있다.

기관 투자자들의 수요가 폭발하고 있다

기관 투자자들은 전통적으로 주식, 채권, 대체투자 등으로 여유 현금성 자산을 운용해왔다. 최근에는 금 대신 비트코인의 수요가 폭증하고 있다. 가장 큰 이유는 역시 미국 정부가 무차별적으로 달러를 발행하고 있고 또한 금의 인기가 예전 같지 않기 때문이다. 채권금리가 0%에 가깝게 장기간 유지되고 있는 것도 영향을 미치고 있다.

앞으로 비트코인 보유자 수가 30배로 늘어나면 무슨 일이 일어날까? 전 세계 기관 투자자와 일반 법인들이 현금성 자산의 10%를 비트코인으로 보유한다면 무슨 일이 일어날까? 비트코인의 열성 추종자들이 먼 미래에 비트코인의 가치가 10억 원을 넘고 100억 원을 넘어 무한대가 될 거라는 희망회로를 돌리는 이유다. 아직 1비트의 가격은 1억 원도 하지 않는다. 20억 이상의 자산가라면 1비트코인을 포트폴리오에 편입하면 먼 미래에 무한대의 수익을 만끽할지도 모른다.

비트코인은 애플과 금의 시가총액을 뛰어넘을까?

비트코인은 주식이 아니다. 그러므로 세계 1등 주식들과 비교하는 건 반칙일 수 있다. 하지만 글로벌 IT 기업들이 세상에 없던 혁신적인 서비스를 만들어내면서 시가총액이 얼마나 성장했는지를 비트코인의 시가총액과 비교해보는 것도 투자에 참고가 될 것이다.

비트코인의 시가총액은 벌써 6위까지 올라왔다. 비트코인은 전 세계 시가총액 1위인 애플을 뛰어넘을 수 있을까? 필자는 당연히 그럴

전 세계 시가총액 상위 기업(2020년 12월 31일 기준)

순위	회사명	시가총액
1	애플	2,450조 원
2	사우디 아람코	2,100조 원
3	마이크로소프트	1,850조 원
4	아마존	1,800조 원
5	구글	1,250조 원
6	비트코인	1,200조 원 (2021년 3월 기준)
7	페이스북	850조 원
8	텐센트	790조 원
9	알리바바	760조 원
10	테슬라	740조 원

것으로 예상하고 있다. 비트코인은 주식이 아니기 때문에 주식과 경쟁하지 않는다. 애플의 시가총액 2,450조 원을 뛰어넘고 나면 그다음 순서는 금의 시가총액이다. 비트코인이 언젠가는 금의 시가총액인 1경 3,000조 원을 뛰어넘을 날이 올 것으로 예상한다. 만약 실제로 그런 일이 일어난다면 비트코인의 1개당 가격은 6억 원을 돌파할 수도 있다.

5장

비트코인의 두 번째
버블이 시작됐다

1

기관 투자자들이 주도하는
두 번째 버블이 온다

　미국의 최대 가상자산거래소인 코인베이스가 기업공개IPO 준비 과정에서 제출한 S-1 파일링 자료를 살펴보면 이용자 수가 2020년 12월 31일 기준으로 총 4,300만 명이다. 미국 인구 3억 3,200만 명 중약 13%가 코인베이스를 이용하는 것으로 추정된다. 그렇다면 기관 투자자의 비중은 얼마나 될까? 2020년 4분기의 거래대금 중 기관 투자자가 차지하는 비중은 3분의 2를 넘어섰다. 약 7,000개의 기관 투자자들이 비트코인 등에 투자하고 있고 지금 이 순간에도 그 숫자는 계속 늘어나고 있다.

　2009년 1월에 비트코인이 처음 생겨난 뒤 비트코인을 거래한 사람들은 대부분 개인들이었다. 비트코인이 돈이 된다는 걸 알게 되자 기업가들이 회사를 설립하고 본격적으로 비트코인을 채굴하기 시작하면서 채굴사업이 기업화됐다. 대표적으로 중국의 우지한이 이끌었던 비트메인이 있다. 초기부터 특수한 채굴기를 도입해 비트코인 대량채굴에 성공한 메이저 채굴회사들 대부분이 돈을 많이 벌었다.

하지만 채굴과 달리 비트코인에 돈을 투자한 투자자들은 대부분 개인들이 중심이었다. 그래서 2018년의 첫 번째 버블 때 개인들 중심으로 시장이 과열돼 비트코인 가격이 급등했다가 다시 급락해 2년 이상의 침체기를 맞게 됐다. 비트코인 시장이 본격적으로 성장하려면 기관 투자자들의 참여가 필수적이다. 이런 기대에 부응하듯 2020년부터 비트코인 시장에 기관 투자자들이 대거 참여하기 시작했다. 일반인들에게 기관 투자자들은 다 똑같아 보이지만 미묘한 차이가 있다.

일단 기관 투자자 중에 가장 먼저 움직이는 부류는 헤지펀드다. 헤지펀드는 리스크를 두려워하지 않고 고수익을 추구하며 규제에서 자유로워 돈이 된다는 생각이 들면 다른 어떤 기관 투자자들보다 빠르게 의사결정을 할 수 있다. 그다음으로는 전통적인 기관 투자자인 자

기관 투자자의 특징별 분류

위험자산 투자 순위	기관 투자자 종류
1순위	헤지펀드, 패밀리오피스
2순위	자산운용사, 투자사
3순위	연기금, 학교 기금, 증권사, 은행, 보험사
4순위	일반 상장기업, 개별 기업
5순위	ETF를 통한 일반 투자자

산운용사와 투자회사들이 움직인다. 이후에 이들보다 좀 더 보수적인 연기금, 학교 기금, 국부펀드, 증권사, 보험사 등이 뒤따라 움직인다. 마지막으로 일반 법인들도 넓은 의미에서 기관 투자자로 분류할 수 있다. 예를 들면 테슬라, 애플, 아마존, 삼성전자, 스타벅스 같은 회사들을 말한다.

비트코인을 ETF(상장지수펀드)로 만들어 상장하게 되면 드디어 비트코인도 제도권에서 인정받는 대중적인 상품의 지위를 차지하게 된다. 이럴 경우 일반 투자자들과 일반 법인들도 손쉽게 증권사를 통해 비트코인 ETF를 매매할 수 있게 된다.

헤지펀드들의 비트코인 투자

돈이 될 만한 상품에는 헤지펀드들이 제일 먼저 뛰어든다. 헤지펀드는 소수의 개인 자금이라 규제에서 자유롭기 때문이다. 그래서 이미 수많은 헤지펀드들이 비트코인 투자에 뛰어들었다. 여기서는 언론에 노출된 몇 개의 유명한 헤지펀드만 상징적으로 소개한다.

튜더 인베스트먼트

전 세계 헤지펀드 업계에서 조지 소로스George Soros와 함께 양대 거물로 꼽히는 사람이 바로 폴 튜더 존스Paul Tudor Jones다. 폴 튜더 존스는 개인 자산 규모가 6조 4,000억 원(58억 달러)인 미국의 억만장자 헤지펀드 매니저다. 그를 유명하게 만든 건 1987년도의 블랙먼데이다. 존스는 미국 다우지수가 23% 폭락하던 그때 주가지수선물 매도를 통해 오히려 큰 수익을 냈다. 결국 1987년에만 126%의 수익률을 기록해 '블랙먼데이의 승자'라는 수식어를 얻었다.

폴 튜더 존스가 이끄는 튜더 인베스트먼트Tudor Investment는 업계 최초로 비트코인의 대량 매수에 나선 대형 헤지펀드다. 폴 튜더 존스는 2020년 5월 11일 CNBC와의 인터뷰에서 "자산의 2%를 비트코인으로 보유하고 있다."라고 공개했다. "정부의 재정지출 확대와 통화부양책으로 달러 등 명목화폐의 가치는 갈수록 하락할 것이므로 새로운 가치 저장 수단으로 비트코인에 관심을 갖게 됐다. 보유 자산 포트폴리오의 일부로 편입한다면 최고의 선택이 될 수 있다."라고 주장했다. 그는 세계 최고의 거시경제 헤지펀드 매니저다. 그의 낙관적인 의견은 다른 헤지펀드 매니저들에게도 비트코인의 투자자산 편입을 진지하게 고민하게 했다.

그는 2020년 10월 CNBC 프로그램에도 출연해 비트코인 투자를 창업 초기의 애플이나 구글에 투자하는 것과 비유했다. 2020년 12월 3일 야후 파이낸스와의 단독 인터뷰에서는 "주식의 시가총액이 90조 달러(1경 원)고 법정통화 규모가 천문학적인 상황인데 비트코인의 시가총액은 5,000억 달러(550조 원)에 불과하다. 말도 안 되게 작은 시가총액이다."라고 주장했다(2021년 3월 기준 비트코인 시가총액은 1,200조 원을 돌파했다). 비트코인을 귀금속, 나머지 코인들을 산업용 금속으로 비유하며 "20년 뒤에도 가장 가능성이 커 보이는 건 비트코인이다."라고 말하기도 했다.

2020년의 폴 튜더 존스 인터뷰 흐름을 살펴보면 그는 장기적인 관점에서 비트코인이 귀금속만큼 귀해질 것으로 확신하고 투자하는 것으로 보인다. 재미있는 건 2020년 5월 인터뷰에서 자산의 2%를 비트코인으로 가지고 있다고 말했으니 그의 확신에 비해서는 비중이 작다. 당시 비트코인의 가격은 불과 1,000만 원이었다.

만약 2021년 3월 가격인 7,000만 원을 대입한다면 이미 7배가 올라 비트코인 비중은 자연스럽게 자산의 10% 이상으로 늘어났을 것으로 추정된다. 앞으로도 비트코인 가격이 상승한다면 자연스럽게 그의 자산에서 비트코인의 비중은 점점 더 커질 것으로 보인다.

밀러 밸류 파트너스

빌 밀러Bill Miller는 레그 메이슨 운용사에서 근무했던 1991년부터 2005년까지 15년 연속으로 미국 스탠더드앤드푸어스500 지수를 뛰어넘는 연평균 16%의 투자수익률을 달성한 전설적인 펀드 매니저다. 아마존 주식의 초기 투자자로도 유명하다. 지금은 본인의 헤지펀드 회사인 밀러 밸류 파트너스Miller Value Partners를 이끌고 있다. 그의 선견지명이 놀라운 건 2014년부터 개인적으로 비트코인에 투자해 왔기 때문이다. 그의 비트코인 평균 매수가격은 고작 39만 원(350달러)으로 알려져 있다. 2021년 3월 기준 비트코인 1개의 가격은 7,000만 원이 넘으니 이미 180배가 오른 셈이다. 특히 비트코인의 1차 상승기였던 2017년 10월 월스트리트저널과의 인터뷰에서 밀러 밸류 파트너스의 펀드 중 하나인 MVP1 헤지펀드가 비트코인에 30%를 투자했다고 밝혀 화제가 됐다.

MVP1 헤지펀드의 자산은 당시 1,700억 원(1억 5,400만 달러) 수준이었는데 2017년에 비트코인 가격이 급등함에 따라 펀드 자산도 급증했다. 그는 2017년에 투자자들에게 보낸 편지에서 "비트코인은 가치가 0원이 될 수도 있습니다. 하지만 미래에 많은 기관 투자자가 비트코인 시장에 뛰어든다면 사람들은 비트코인에 익숙해지고 흔하게 투자하게 될 것입니다."라며 머지않은 미래를 정확히 예견했다.

2021년에도 비트코인에 대한 빌 밀러의 사랑은 이어졌다. 연초에 CNBC와의 인터뷰에서 "비트코인의 경이로운 점 중 하나는 가격이 오를수록 위험이 낮아진다는 것이다. 이 점은 대부분의 주식과 반대다."라고 말했다. 투자자에게 보내는 2020년 4분기 편지에서도 "인플레이션이 상승하면 더 많은 회사가 비트코인에 현금성 자산의 일부를 투자하기로 결정할 수 있다."라고 주장하며 비트코인의 미래를 낙관했다.

2021년 2월에는 밀러 밸류 파트너스의 주력 펀드인 자산규모 2조 5,000억 원(23억 달러)의 밀러 오퍼튜니티 신탁에 그레이스케일 비트코인 신탁GBTC을 최대 15%까지 편입 가능하도록 미국 증권거래위원회SEC에 사전 신고를 완료한 상태다. 앞으로 비트코인 투자를 얼마나 더 확대할지 기대가 된다.

르네상스 테크놀로지

현재 세계 최강의 실력을 지닌 헤지펀드는 어디일까? 바로 천재 수학자 제임스 사이먼스James Harris Simons가 설립한 르네상스 테크놀로지Renaissance Technologies다. 르네상스 테크놀로지의 간판 펀드인 메달리온 펀드는 1988년 처음 조성돼 2019년까지 거둔 연 평균 수익률이 무려 39%다. 물론 살인적인 수수료를 차감한 후의 수익률이다.

메달리온 펀드는 르네상스 테크놀로지의 내부 직원만 투자할 수 있다. 그래서 특별한 성과에도 불구하고 펀드 사이즈는 약 11조 원(100억 달러) 수준으로 아주 크지는 않다. 메달리온 펀드는 2020년에도 76%의 경이적인 수익률을 달성한 것으로 추정된다. 하지만 문제가 있다. 외부 투자자들에게도 공개된 기관 투자자 전용의 르네상스 인스티튜셔널 펀드는 2020년에 −31%의 부진한 수익률을 기록했기 때문이다. 그래서 외부 투자자들의 원성이 자자하다.

어쨌든 이 유명한 르네상스 테크놀로지의 간판 펀드인 메달리온 펀드가 2020년 4월 18일에 공시를 통해 시카고상업거래소가 제공하는 비트코인 선물 거래 시장에 참여할 수 있는 자격허가를 받았다고 밝혔다. 물론 아직도 메달리온 펀드가 얼마나 비트코인 선물에 투자했는지는 확인할 수 없다. 하지만 헤지펀드계에서 전설로 통하는 르네상스 테크놀로지가 비트코인 시장에 언제든 참여할 수 있다는 가능성만으로도 상당한 상징성이 있다. 향후 비트코인 시장 확대에 긍정적인 영향을 미칠 것이 확실하기 때문이다.

윙클보스 형제

윙클보스Winklevoss 형제를 헤지펀드로 분류하기는 어렵다. 하지만 이들은 꽤 흥미로운 요소를 갖춘 비트코인 큰손 투자자들이다. 윙클보스 형제는 원래부터 똑똑해서 둘 다 하버드대학교에 입학했고 재학 중 커뮤니티 사이트인 '커넥트유'를 만들었다. 이후 그들은 하버드대학교에서 만난 마크 저커버그Mark Elliot Zuckerberg와 '하버드대 인맥 커뮤니티 사이트'를 함께 만들기로 협의했다. 그런데 마크 저커버그가 먼저 페이스북을 만들어 내놓았다. 분노한 윙클보스 형제는 마크 저커버그가 아이디어를 훔쳐 갔다며 소송을 걸어 7년간의 공방 끝에 결국 현금 220억 원(2,000만 달러)과 500억 원(4,500만 달러)의 페이스북 주식을 받아내며 합의했다. 이후 페이스북이 상장하면서 다시 대박을 터트렸고 주식을 매도한 자금 중 일부를 2012년부터 비트코인에 투자했다.

이들이 매수한 비트코인은 약 12만 개이며 평균 매수단가는 고작 10~100달러 사이로 알려졌다. 이후 이더리움에도 초기 투자해 또다시 대박을 터트렸다. 이들이 아직도 비트코인을 그대로 가지고 있다면 평가금액은 약 8조 4,000억 원이 된다. 윙클보스 형제는 가상자산 거래소인 제레미를 만들어 가상자산의 활성화를 위해 여러 가지 활동을 하고 있다. 이들도 가끔 인터뷰를 하는데 비트코인이 여전히 저평가됐다며 금의 시가총액을 따라잡을 것이라고 주장하고 있다.

이 밖에도 언론에는 등장하지 않았지만 수많은 헤지펀드가 비트코인에 투자하고 있고 지금 이 순간에도 그 숫자는 점점 더 늘어나고 있다.

자산운용사와 보험사의 비트코인 투자

그레이스케일

비트코인 투자와 관련해 세계에서 가장 큰손은 어디일까? 바로 그 레이스케일Grayscale이다. 이 회사는 2013년에 설립된 미국의 가상자 산 신탁펀드 투자 회사로 디지털커런시그룹DCG의 자회사다. 그레이 스케일은 자신들의 돈을 투자하지 않고 신탁(위탁자가 수탁자에게 재산 의 관리를 맡기는 일)을 설정해 투자자들의 돈을 받아 이를 운영해 수 익을 내고 운용 수수료를 받는다. 그레이스케일이 판매하는 비트코 인 신탁펀드GBTC의 연간 평균 수수료는 2% 수준으로 1% 미만인 일 반 신탁펀드에 비해 비싼 편이다.

수수료가 비싼 그레이스케일의 비트코인 신탁펀드는 인기가 많다. 그 이유는 아직도 미국 규제당국이 대중적으로 누구나 투자가 가능 한 비트코인 ETF를 승인해주지 않기 때문이다. 이럴 때 규제를 우회 하기 가장 좋은 방법이 신탁이다. 신탁 형태는 수탁 재산 범위에 제 한이 많지 않아 규제에서 상대적으로 자유롭다.

왜 아직도 많은 미국 기관 투자자들은 비트코인에 직접 투자하지 않는 걸까? 아직은 비트코인이 투기적이라는 사회적 인식 때문이다. 개별적으로 비트코인 계좌를 개설하는 것에 대한 부담감이 있다. 그 리고 기관 투자자는 전통적인 금융 시스템 안에서 투자하는 것을 선 호하는 경향이 있다. 신탁을 통한 투자는 합법적이라서 부담감이 적 다. 또 내부 규정상 실물 비트코인 투자가 불가능한 기관 투자자들도 많기 때문이다.

그레이스케일은 2015년 5월에 처음으로 장외거래를 통해 비트코인에 투자하는 상품을 판매했다. 이미 장외거래시장에서 신탁 지분이 공개 거래되고 있었지만 더욱 큰 인기를 끌게 된 가장 큰 이유는 2020년 1월에 미국증권거래위원회의 신고기업 자격을 획득했기 때문이다.

기관 투자자들은 미국증권거래위원회에 정식 등록되지 않은 상품에 대한 투자를 꺼리는 경향이 있어서 미국증권거래위원회의 승인을 받은 그레이스케일의 비트코인 신탁펀드로 투자자금이 몰려들기 시작했다. 신탁 방식이라서 투자자가 직접 비트코인을 보유하지 않고도 비트코인 신탁펀드에 투자함으로서 비트코인에 투자하는 효과가 있다.

그렇다면 비트코인 신탁펀드는 얼마나 많은 비트코인을 가지고 있을까? 2021년 3월 말 기준 약 65만 개의 비트코인을 보유하고 있다. 현재까지 발행된 비트코인이 1,860만 개이니 무려 3.5%의 지분을 가지고 있는 셈이다. 개당 7,000만 원으로 계산하면 평가금액은 약 45조 원이다. 이 숫자는 지금도 계속 증가하고 있다.

그레이스케일은 비트코인 신탁펀드 외에도 이더리움 등 다른 신탁펀드도 설정해 운용하고 있다. 이들은 혹시라도 비트코인 ETF를 미국 정부가 승인해줄까 봐 전전긍긍하고 있다. 만약 비트코인 ETF가 나오게 되면 2%의 엄청난 수수료를 받는 그레이스케일 신탁에서 자금이 대거 빠져나갈 가능성이 크기 때문이다.

그레이스케일의 공격적인 TV 광고

2019년 5월 1일 그레이스케일은 미국 전역으로 나가는 비트코인 TV 광고를 시작했다. 광고에서 '왜 금에 투자했습니까? 과거에 살고 있나요?'라고 질문하며 '비트코인 같은 디지털 통화가 미래입니다.'라고 홍보한다. 과거 투자 수단이었던 금을 대신해서 비트코인에 투자하라는 메시지를 담았다.

아크 인베스트먼트

2020년에 혜성같이 떠오른 최고의 운용사를 꼽는다면 바로 아크 인베스트먼트ARK Investment다. 이 운용사는 헤지펀드가 아니라 ETF 전문 운용사임에도 불구하고 헤지펀드 수익률을 압도하는 놀라운 성과를 보여주었다.

일반적으로 ETF는 지수를 추종하는 '패시브 방식'이 대부분이다. 그런데 특이하게도 아크 인베스트먼트의 ETF는 적극적인 운용을 추구하는 '액티브 방식'이라 매니저의 독자적인 판단에 따라 종목을 선택할 수 있다. 헤지펀드는 진입장벽이 높지만 ETF는 개인 투자자들도 누구나 쉽게 투자할 수 있다. ETF가 좋은 또 하나의 이유는 바로 저렴한 운용 수수료다. 헤지펀드는 기본 2%의 수수료 외에도 수익률에 따른 성과보수가 추가된다. 하지만 ETF는 기본적으로 수수료가 저렴하다. 아크 인베스트먼트는 일반적인 ETF보다는 비싼 0.79%의 수수료를 적용한다. 하지만 헤지펀드보다 탁월한 수익률에도 불구하고 성과보수가 없어 2020년에 최고의 가성비를 보여주었다.

아크 인베스트먼트를 이끄는 슈퍼스타는 바로 CEO 캐시 우드Catherine D. Wood다. 그녀는 캐피털그룹 어시스턴트 이코노미스트로 시작해 얼라이언스번스타인에서 12년간 최고투자책임자CIO를 지낸 투자 전문가다. 2014년에 아크 인베스트먼트를 창업했다. 초기부터 주요 ETF들이 테슬라를 집중적으로 편입해 주목을 받았다. 하지만 캐시 우드가 본격적으로 유명해진 건 2018년 CNBC에 출연하면서부터다. 당시 테슬라 주가는 60달러(2020년에 5분의 1로 액면분할함에 따른 현재 기준 12달러) 내외에서 지루하게 움직이고 있었다. 캐시 우드는 "테슬라 주가가 5년 내 4,000달러(2020년에 5분의 1로 액면분할함에 따른 현재 기준 800달러)를 넘어설 것이다."라고 확신 있게 말했다. 이에 진행자조차도 황당해하며 못 믿겠다는 반응을 보였다.

그 후 놀랍게도 테슬라는 2020년에만 743% 폭등했다. 그리고 2021년 1월 테슬라 주가가 드디어 800달러를 돌파하며 그녀의 '경이로운' 전망은 현실이 됐다. 아크 인베스트먼트는 파괴적 혁신을 일으키는 기업에 집중적으로 투자하는 방식을 선호한다. 간판 펀드인 아크 이노베이션 ETF인 ARKK의 2020년 수익률은 무려 171%다.

2020년 11월에 아크 인베스트먼트가 더 주목받은 사건이 있었다. 캐시 우드가 배런스Barron's가 주최하는 세미나에 참석해 모두가 놀랄 발언을 했다. 바로 비트코인이 장기적으로 1개에 4억 4,000만 원 수준이 될 수 있다고 주장한 것이다. 지금은 비트코인 목표가가 많이 높아져 있지만 그때만 해도 비상식적으로 높은 목표가였다.

그녀의 논리는 "비트코인에 투자하는 기관 투자자의 증가가 과거 부동산이나 이머징 마켓에 자산 배분을 시작한 기관 투자자들의 초

아크 차세대 인터넷 ETF(ARKW) 상위 5개 종목(2021년 3월 11일)

	종목명	보유 비중	티커	사업 종류
1	테슬라	10.61%	TSLA	전기차
2	그레이스케일 비트코인 신탁펀드	5.57%	GBTC	비트코인
3	스퀘어	5.41%	SQ	핀테크 결제
4	텔라닥 헬스	4.01%	TDOC	원격 의료
5	로쿠	3.88%	ROKU	스트리밍 플랫폼

(출처: 아크 인베스트먼트)

기 시절과 비슷하다. 과거 사례를 보면 최초 0.5% 수준의 자산 배분
이 장기적으로 5% 수준까지 증가했다. 만약 기관 투자자들이 이번에
도 비슷하게 행동한다면 비트코인 가격은 장기적으로 최대 50만 달
러(5억 5,000만 원)까지도 바라볼 수 있다."라는 것이다.

아크 인베스트먼트는 총 7개의 ETF를 운용하고 있다. 그중 위의
표에서 소개하는 아크 차세대 인터넷 ETF ARKW는 클라우드 컴퓨
팅, 전자상거래, 모바일 기술, 인공지능 등을 테마로 한다. 자산규모
는 2021년 2월 기준 약 6,000억 원으로 2020년에 161%라는 경이
적인 수익률을 보여주었다.

그런데 아크 차세대 인터넷 ETF의 상위 5개 보유 종목을 찬찬히
살펴보면 2위 종목이 유독 눈에 띈다. 2위는 그레이스케일 비트코인
트러스트라는 종목인데 바로 위에서 설명한 비트코인 신탁펀드다.
아크 인베스트먼트가 규제를 피하기 위해 신탁펀드에 투자했다고 생
각하면 된다. 3위 종목 역시 현금성 자산으로 비트코인을 매수했다

고 발표해 화제가 됐던 핀테크 결제기업 스퀘어다.

아크 인베스트먼트는 2021년 1월에 내놓은 「빅아이디어 2021」에서도 비트코인을 또다시 언급했다. 핵심 내용은 주식, 채권, 금, 부동산 등에 투자하는 기관 투자자들이 자산 일부를 비트코인에 배분해야 한다는 것이다. 그 이유는 지난 10년 동안 비트코인은 전통적인 자산들과의 상관관계가 지속적으로 낮았던 유일한 주요 자산이기 때문이다.

아크 인베스트먼트는 "기관 투자자들이 비트코인을 포트폴리오에 넣지 않으면 기회비용을 따져봐야 한다. 우리의 시뮬레이션 결과 기관 투자자들이 자산의 2.5~6.5%를 비트코인 투자에 배분하면 비트코인 가격은 20만(2억 2,000만 원)~50만 달러(5억 5,000만 원)에 이를 것이다."라고 전망했다.

매스 뮤추얼

은행이나 보험사는 투자에 있어서 전통적으로 보수적인 편이다. 그래서 이들은 앞장서서 움직이지 않는다. 모든 리스크를 다 확인하고 나서도 아주 느리게 움직이는 편이다. 이렇게 보수적인 보험사에서 비트코인에 투자하는 일대 사건이 일어났다.

주인공은 바로 매스 뮤추얼Mass Mutual이다. 이 회사는 1851년에 설립된 미국 생명보험사로 업계 3위(시장 점유율 6.4%)의 초대형 보험사다. 500만 명의 고객과 약 260조 원(2,350억 달러) 규모의 보험 계좌를 관리하고 있다. 이들이 2020년 12월에 일반보험 계좌로 비트코인을 무려 1,100억 원(1억 달러)이나 사들였다는 발표에 시장은 흥분했다. 물론 고객 자산규모가 260조 원인 회사에서 고작 1,100억 원의 비트코인 매수는 소소한 것일 수 있다. 하지만 전통적인 기관 투자자 중에서도 가장 보수적인 편인 대형 보험사가 비트코인을 매수한 것 자체는 엄청난 상징성이 있다.

2

왜 테슬라 같은 일반 기업들이
비트코인을 살까

애플, 구글, 삼성전자 같은 글로벌 1등 기업 중에는 영업 행위를 통해 쌓아둔 현금성 자금만 100조 원을 훌쩍 넘는 곳들도 있다. 그 외에도 수많은 기업이 있다. 이 기업들은 여유자금을 어떻게 운용할까? 대부분 은행예금이나 안전한 단기채권에 보관해둔다. 높은 이자보다는 안정성을 중시하는 것이다. 그래서 이런 법인자금들을 유치하기 위해 은행이나 증권사에서는 따로 법인부를 두고 집중적으로 자금 유치 영업을 한다. 이런 자금들은 금리 0.1%에도 예민하게 반응하고 기민하게 움직인다. 0.8%의 은행예금에 넣었다가도 0.1%를 더 주는 예금이 있다면 민감하게 갈아탄다. 그래서 0.9%의 은행예금에 보관한 것에 대해 만족하고 다행으로 여긴다.

그런데 잘 생각해보자. 뭔가 이상하지 않은가? 화폐 가치가 폭락하는 시기에 1%도 안 되는 은행예금에 보관하고 왜 안심하는 걸까? 하물며 0%에 가까운 유럽과 미국의 장기채권에 투자하는 기업들은 도대체 무슨 생각을 하는 걸까? 이 기업들 중 상당수는 은행예금보다 훨씬 기대수익률이 높은 주식에는 일절 투자하지 않는 경우가 많다. 주식의 경우 변동성이 너무 높고 실제 돈을 써야 하는 시점에 주식시장이 폭락해 있을 경우 큰 손실을 보고 주식을 매도해야 하는 위험이 있기 때문이다. 물론 소수의 현명한 기업들은 여유 자금 일부를 주식에 투자해 보유 현금의 수익률을 높이는 전략을 쓴다.

기업들이 은행예금이나 국채 같은 1%대 저금리 상품으로만 여유자금을 운용하는 건 상당히 어리석은 전략이다. 이럴 때 일반 기업들이 자금 운용 방식을 과감하게 바꿔 비트코인을 대안투자의 하나로 인식하고 여유자금의 10%씩만 투자한다면 무슨 일이 일어날까? 일반 대기업들의 비트코인 투자는 비트코인에 대한 사람들의 인식을 긍정적으로 바꾸고 신뢰도 상승에도 이바지하게 된다. 장기적으로는 당연히 비트코인 가격 상승에도 도움이 될 것이다.

만약 일반 기업이 비트코인을 매수한다면 도대체 회계처리는 어떻게 해야 할까? 국제회계기준 해석위원회IFRS IC는 가상자산은 현금, 주식, 채권, 보험 등의 금융상품으로 분류될 수 없으며 재고자산이나 무형자산으로 분류해야 한다고 정리했다. 회계처리가 가능하다는 뜻이다. 그렇다면 우리나라에서 비트코인에 투자한 일반 기업이 있을까? 코스닥 상장사인 게임회사 위메이드를 꼽을 수 있다. 위메이드는 블록체인 게임 개발 자회사인 위메이드트리를 설립했고 블록체인 기술개발에 많은 공을 들이고 있다. 비트코인과 이더리움 등의 가상자산에도 투자했고 상당한 평가차익을 내는 것으로 알려져 있다.

미국 굴지의 보험사인 매스 뮤추얼이나 테슬라처럼 앞으로 우리나라에서도 1위 보험사인 삼성생명이나 1위 제조사인 삼성전자가 비트코인을 매수했다는 뉴스가 나온다면 어떻게 될까? 비트코인에 부정적인 우리 국민의 인식 자체가 바뀔 수 있을 것이다. 하지만 우리나라 금융권이나 대기업 중에서 감히 비트코인에 투자할 수 있는 기업은 많지 않을 것이다. 비트코인에 비우호적인 정부 정책으로 볼 때 우리 기업들은 비트코인에 대해서 굉장히 보수적으로 접근할 가능성이 크다. 하지만 미국 기업들은 다르다. 그들은 지금 적극적으로 비트코인 매수에 뛰어들고 있다.

비트코인에 투자하는 미국의 일반 기업들

마이크로스트래티지

미국 증시에 상장된 일반 회사 중에서 가장 먼저 비트코인에 투자한 회사는 어디일까? 바로 마이크로스트래티지MicroStrategy다. 이 회사는 정보기술 컨설팅업체로 미국 나스닥에 상장돼 있다. CEO인 마이클 세일러Michael Saylor는 비트코인의 열렬한 지지자이기도 하다.

마이크로스트래티지는 2020년 8월 11일 공식 성명을 통해 약 2,750억 원(2억 5,000만 달러)으로 총 2만 1,454개의 비트코인을 매수했다고 발표했다. 이 금액은 당시 회사 시가총액의 21%에 해당하는 규모다. 그 후에도 꾸준히 비트코인을 매수해 2021년 2월 말 기준 9만 531개의 비트코인을 보유하고 있다. 1개당 매수단가는 약 2,640만 원(2만 4,000달러)이다. 매수 총금액은 약 2조 4,000억 원(21억 7,000달러)인데 비해 2021년 3월 기준 시세 7,000만 원을 대입하면 평가금액은 약 6조 3,000억 원으로 평가차익만 무려 4조 원에 이른다.

당연히 마이크로스트래티지의 주가도 급등했다. 2020년 7월까지 120달러 수준이던 주가는 2021년 2월에 1,000달러를 돌파하기도 했다. 비트코인에 직접 투자하기에는 부담스러웠던 모건스탠리가 2020년 말에 재빨리 마이크로스트래티지 주식 11%를 매수해 비트코인에 간접 투자하는 효과를 노린 것도 주가 상승에 영향을 줬다. 마이클 세일러는 "기업 대차대조표에 유로나 달러 등의 법정화폐를 보유하고 있는 기업들은 매년 약 15%의 구매력을 잃고 있다. 이를 해결하기 위해서 일부 현금을 비트코인에 투자하는 것이다."라고 했다.

하지만 그는 일부 현금성 자산을 비트코인에 투자하라고 주장했던 자신의 말이 무색하게도 마이크로스트래티지의 현금성 자산 대부분을 비트코인에 올인했다. 게다가 투자금액 중 1조 1,000억 원(10억 달러)은 이자율 0%의 전환사채를 발행해 구매했다. 전환사채는 주식으로 전환할 수 있는 채권이다. 하지만 아무리 0%의 금리라고 해도 빚을 내서 비트코인을 산 셈이다. 이는 합리적인 자산배분이 아니다. 마이크로스트래티지는 투자회사가 아니라 영업 활동으로 돈을 버는 일반 회사다. 따라서 비트코인 투자 규모가 적정 수준을 훨씬 넘어섰다고 생각한다. 이런 방식으로는 비트코인이 폭등해 좋은 결과가 나오더라도 절대 바람직한 투자 방식이라고 말할 수 없고 자칫 잘못하면 한 방에 훅 갈 수도 있다. 필자가 생각하는 일반 회사들의 비트코인 적정 투자 규모는 여유 현금성 자산의 10% 미만이다.

마이크로스트래티지의 마이클 세일러 회장은 "현금만 보유하면 인플레이션 등의 영향으로 언제든지 가치가 하락할 우려가 있는 반면에 비트코인 같은 현금 외의 자산에 투자하면 미래를 대비할 수 있다."라고 주장했다. 그의 주장을 요약해보면 다음과 같다.

"마이크로스트래티지가 이번에 비트코인에 투자한 것은 현금 외의 자산에 투자해 우리 회사 주주들의 이익을 극대화하기 위한 새로운 자산 배분 전략이다. 비트코인은 지난 10년간 끊임없이 스스로를 증명해왔으며 지금은 전 세계적으로 널리 인정받는 암호화폐로 가장 많은 투자를 이끌어 내고 있다. 따라서 우리는 비트코인이 합법적인 투자자산이며 장기적으로 매력적이고 잠재력이 있다고 생각한다. 마이크로스트래티지는 화폐 가치가 떨어지는 현실에서 비트코인의 독특한 특성이야말로 인플레이션으로 인한 위험을 회피할 수 있고 다른 어떠한 투자보다도 높은 수익을 기대할 만한 잠재성이 있다는 해답을 얻었다.

전 세계 사람들이 점점 더 비트코인을 받아들임에 따라 시간이 갈수록 더욱 유명해지고 더 많은 사람이 활발하게 사용할 수 있으며 기술적으로도 효용성이 있으므로 우월한 투자자산이라고 생각한다. 비트코인은 디지털 금이다. 기존의 법정화폐보다 더 튼튼하고 강하고 빠르고 똑똑하다. 비트코인의 가치는 점점 더 높아질 것이다."

마이클 세일러 회장은 또 2021년 1월의 한 인터뷰에서 "현금, 부채, 주식, 상업 부동산 등 법정화폐 기반 시장은 300조~400조 달러에 달한다. 그중 50~75%는 단순히 가치를 저장하기 위함이다. 100조~300조 달러 규모의 자금이 가치 저장 수단으로 비트코인을 택할 수 있다."라고 말했다.

이 주장대로 33경 원(300조 달러)이 비트코인에 다 투자된다고 가정해보자. 그럼 비트코인 시가총액을 33경 원(300조 달러)으로 간주해 비트코인 1개당 가격이 154억 원(1,400만 달러) 이상이다. 하지만 발언의 뉘앙스에서 세일러 회장이 명확히 154억 원(1,400만 달러) 이상이 될 거라고 했다기보다는 하나의 예시를 든 느낌이 더 강하다. 그래서 그의 목표가를 154억 원(1,400만 달러)으로 단정 짓기에는 무리수가 있다.

마이크로스트래티지의 비트코인 매수 발표 후 미국 상장기업들은 현금성 자산 중 일부를 비트코인으로 보유하는 전략에 큰 관심을 보이기 시작했다. 이 회사가 선구자 역할을 한 셈이다. 오지랖 넓은 마이클 세일러 회장은 2021년 2월에도 약 1,400개의 미국 기업들을 대상으로 비트코인 관련 세미나를 진행하기도 했다. 심지어 마이클 세일러는 미래에는 모든 비트코인이 회계 단위로 사용될 것이라고 예언했다. 예를 들면 집, 자동차, 가구 등을 살 때 얼마의 비트코인이 필요한지를 계산하는 방식으로 사람들의 회계단위 인식이 바뀔 거라는 생각이다.

마이크로스트래티지가 추구하는 방향은 단순히 현금성 자산 일부를 포트폴리오 차원에서 비트코인에 투자하는 수준이 아니다. 비트코인의 장기상승에 대한 강한 확신을 바탕으로 집중투자하는 느낌이다. 이 회사는 앞으로도 돈이 생길 때마다 계속 비트코인을 사 모을 기세다. 하지만 우리는 절대 마이클 세일러를 흉내 내서는 안 된다. 그는 비트코인이 0원이 되더라도 망하지 않는다. 마이크로스트래티지는 버틸 힘이 있다. 하지만 평범한 투자자들이 비트코인에 전 재산을 투자했다가 만약 비트코인이 0원이 된다면 파산하게 될 것이다. 투자의 제일 기본은 바로 분산투자다.

테슬라

마이크로스트래티지의 비트코인 매수 이후에 수많은 미국 상장기업들의 비트코인 매수가 이어졌다. 하지만 괴짜 천재 일론 머스크Elon Musk가 이끄는 테슬라Tesla의 비트코인 매수만큼 화제가 된 기업은 없다.

2021년 2월 8일 전기차 기업 테슬라가 비트코인을 매수했다고 발표하자 가상자산 시장은 그야말로 열광했고 비트코인은 순식간에 20% 폭등했다. 테슬라는 법인 계좌에 쌓아둔 현금성 자산 21조 원(190억 달러) 중 7.8%인 1조 7,000억 원(15억 달러)을 비트코인에 투자했다고 밝혔다. 이는 테슬라의 연간 연구개발비와 맞먹는다.

앞에서도 설명했듯이 일반 기업들은 영업 활동을 통해 얻는 현금성 자산을 보통 은행예금이나 단기국채에 투자하며 안정성을 최우선으로 여긴다. 하지만 테슬라는 "우리 회사의 투자정책을 바꿔서 보유하고 있는 현금성 자산을 다변화하고 투자 수익을 높일 수 있는 방식으로 유연성을 가지고자 했습니다."라고 밝혔다. 테슬라는 또 "가까운 미래에 결제 수단으로 비트코인을 용인할 것으로 기대한다."라며 비트코인을 받고 테슬라 전기차를 팔 예정이라고 밝혔다. 이는 비트코인을 결제 수단으로 인정하겠다는 뜻이다. 비트코인 투자자 중에서 큰돈을 번 사람들이 많고 그들은 고급 차를 선호한다. 따라서 테슬라가 새로운 고객층을 확보하는 기회가 될 수 있다.

테슬라는 비트코인 보유와 결제를 통해 자산 증식과 고객 확대라는 두 마리 토끼를 노리고 있다. 테슬라가 투자했다는 것만으로 비트코인의 신뢰도가 높아질 수 있다. 테슬라는 자신들이 비트코인 투자에 참여하면 다른 상장사들의 동참이 쉬워지고 이는 비트코인 상승에 우호적이라는 계산이 깔려 있는 듯하다. 테슬라는 또 비트코인 관련 인프라 사업을 확대함으로써 큰 기회를 잡을 수도 있을 것으로 보인다.

필자는 테슬라의 시가총액과 현금성 자산규모로 볼 때 현금자산의 7.8% 수준이자 전체 시가총액의 2% 수준의 비트코인 투자는 매우 이상적이라고 생각한다. 누군가 말했듯이 1% 금리에 불과한 현금은 쓰레기다. 당장 수익이 날 만한 좋은 자산으로 포트폴리오를 구성해 수익률을 높여야 한다. 그 대안투자의 하나로 비트코인은 훌륭한 상품이다. 일론 머스크는 마이클 세일러처럼 비트코인에 올인하지도 않았고 테슬라가 감당할 수 있을 만큼만 적절히 분산투자를 하고 있다.

온라인 결제 기업들의 비트코인 투자

일반적으로 주식, 채권 같은 투자상품과 관련해서 온라인 결제 업무를 하는 기업들이 선두에 서는 경우는 없다. 비트코인은 주식이나 채권 같은 전통적인 금융상품보다 훨씬 위험도가 높은 특이한 상품이다. 그래서 가장 먼저 뛰어들 수 있는 기관 투자자들은 투자에 제약이 없는 헤지펀드들이다. 그런데 희한하게도 비트코인 같은 위험 상품 투자에 세계 굴지의 온라인 결제 기업인 페이팔과 떠오르는 핀테크 결제 기업 스퀘어가 뛰어들었다. 도대체 이유가 뭘까?

페이팔

비트코인의 성격에 대해서는 여전히 논란이 많다. 세계 중앙은행과 정부들은 비트코인은 화폐가 아니라고 주장한다. 필자 역시 비트코인은 화폐 성격보다 금과 같은 가치 저장 수단에 더 가깝다고 생각한다. 하지만 비트코인이 화폐의 성격을 가지고 있다고 생각하는 투자자들도 많다. 그래서 비트코인으로 물건을 구매할 수 있는지 없는지가 핵심적인 논쟁거리다. 이 부분을 말끔히 정리해준 기업이 있었으니 그게 바로 페이팔PayPal이다.

페이팔은 전 세계 200여 개 국가의 개인과 사업자들에게 온라인 결제 시스템을 제공하고 수수료를 받는 기업이다. 약 4억 명의 사용자 수와 3,000만 개의 가맹점을 거느리고 있다. 우리나라에서는 온라인쇼핑 결제 때 공인인증시스템 때문에 페이팔을 거의 사용하지 않아 낯선 기업이다. 하지만 미국에서 직구를 해본 사람들은 대부분

페이팔에 익숙하다.

페이팔은 2020년 10월에 비트코인, 이더리움, 라이트코인, 비트코인 캐시 등 4개의 가상자산 거래를 지원한다고 발표했다. 한국으로 따지면 빗썸, 업비트, 코인원 같은 가상자산거래소 역할을 하겠다는 것이다. 더 나아가 페이팔 가맹점에서 가상자산으로 결제할 수 있도록 허용했다. 비트코인에 화폐와 같은 지불 결제 기능을 부과해 생명력을 불어넣은 것이다.

비트코인으로서는 가치 저장 수단으로만 활용되는 것보다 화폐 같은 지불 기능이 들어가는 게 훨씬 더 유용하다. 게다가 4억 명의 사용자 수를 가진 페이팔과 비트코인의 결합은 양쪽에 윈윈이 된다. 비트코인 투자자와 사용자 수가 급격히 증가할 수도 있다. 이 뉴스가 발표된 2020년 10월에 비트코인과 가상자산이 폭등하며 상승의 기폭제가 됐다. 하지만 페이팔은 아직까지 비트코인을 직접 매수하진 않고 있다.

스퀘어

스퀘어Square는 미국의 모바일 금융 서비스를 제공하는 기업으로 2009년에 트위터 CEO인 잭 도시Jack Dorsey가 설립했다. 처음에는 스마트폰에 부착하면 신용카드 결제가 가능한 휴대용 결제 리더기를 개발해 출발했다. 지금은 캐시Cash라는 앱을 통해 한국의 토스처럼 간편송금을 하고 주식과 비트코인도 사고팔 수 있는 서비스를 제공하고 있다.

스퀘어는 마이크로스트래티지의 뒤를 이어 2020년 10월 8일에 약 550억 원(5,000만 달러)를 투자해 4,709개의 비트코인을 매입했다고 공식 발표했다. 5,000만 달러는 스퀘어 전체 자산의 약 1%에 해당하는 금액이다. 이렇게 페이팔이나 스퀘어 같은 온라인 결제 기업들이 비트코인으로 상품을 결제할 수 있게 허용하거나 아예 비트코인에 직접 투자를 하면서 비트코인 활성화의 선두에 섰다. 스퀘어의 비트코인 투자로 인해 향후 다른 대기업들의 연쇄적 투자로 이어질 것이라는 기대감을 낳고 있다.

이들 외에도 하버드대학교와 예일대학교 기금도 비트코인에 투자했다는 소문이 있다. 세계 최대 국부펀드인 노르웨이 정부 연기금은 마이크로스트래티지 주식에 투자하여 간접적으로 비트코인에 투자하고 있다. 이 외에도 언급되지 않은 수많은 기관 투자자가 비트코인 투자에 열을 올리고 있다.

지금 시장에서는 애플, 마이크로소프트, 아마존, 페이스북 같은 기업이 비트코인에 투자했다고 발표하기를 목 빠지게 기다리고 있다. 만약 글로벌 1등 기업들마저 비트코인에 투자한다면 그만큼 비트코인의 신뢰도가 더 높아지기 때문이다. 일부 애널리스트들은 글로벌 1등 기업들이 5년 안에 비트코인을 매수하게 될 거라는 희망 섞인 전망을 내놓기도 했다.

그렇다면 현재 기관 투자자들은 비트코인을 도대체 얼마나 가지고 있는 걸까? 비트코인트레저리 사이트에서 확인해보면 약 136만 5,000개(2021년 3월)의 비트코인을 이미 기관 투자자들이 보유하고 있다. 이는 비트코인 총 발행물량 2,100만 개의 6.5%나 되는 엄청난 물량이다. 기관들이 비트코인을 매집하기 시작하면서 점점 더 비트코인 유통 물량이 줄어들고 있다. 수요는 넘치고 공급이 부족하면 무슨 일이 일어날까? 독자들의 상상력이 필요할 때다.

3

비트코인 ETF가
승인된다면 어떻게 될까

2021년 2월에 캐나다에서 드디어 비트코인 ETF(코드번호 BTCC)가 상장됐다. 이 ETF는 상장되자마자 엄청난 거래량을 자랑하며 활발히 거래되고 있다. 그런데 금융 산업의 중심지인 미국에는 아직 비트코인 ETF가 없다. 2013년부터 수많은 자산운용사들이 줄기차게 승인을 요청하고 있다. 하지만 미국 증권거래위원회가 계속 거절하고 있다. 증권거래위원회가 비트코인 상장지수펀드를 승인하는 순간 비트코인은 정식으로 미국의 금융 제도권에 진입하게 된다. 비트코인을 싫어하는 미국 정부와 금융당국 입장에서는 고민이 깊어질 수밖에 없다. 과연 언제까지 승인을 거절할 수 있을까?

만약 2021년에 비트코인 ETF가 승인된다면 어떻게 될까? 투자자들은 증권시장에서 주식을 사고팔듯이 편리하게 비트코인에 간접 투자할 수 있게 된다. ETF는 일반 가상자산거래소보다 보안과 보관 측면에서 강점이 있다. 미국 증시에서 ETF가 차지하는 비중은 약 13%로 높은 편이다. 비트코인 ETF가 상장된다면 개인 투자자에게 대중적인 상품의 지위를 얻으며 활발하게 거래될 것이다.

이는 비트코인의 대중화에 큰 기폭제가 될 것이다. 만약 비트코인 ETF가 승인된다면 가장 긴장해야 할 곳은 앞에서 설명했던 그레이스케일 신탁이다. 이들은 신탁 고객들을 대신해서 비트코인 총 발행 물량 중 3.5%를 보유하고 있는데 그 대가로 연 2%의 살인적인 수수료를 받고 있다. 그러다 보니 많은 투자자가 수수료가 저렴한 비트코인 ETF로 갈아탈 가능성이 크기 때문이다.

4

미국 정부는 비트코인을
금지할 수 있을까

미국 정부는 비트코인을 없앨 수 있을까? 불가능한 가정을 해보자. 만약 미국 정부와 세계 각국이 "우리는 비트코인을 절대 규제하지 않을 것이다."라고 공동 선언문을 발표하면 어떻게 될까? 희소성이 높은 비트코인이 규제 리스크마저 없다면 초장기적으로는 지금 가격에서 100배 더 오르는 것도 불가능하지 않을 것이다. 하지만 이는 비현실적인 가정이다.

비트코인이 미국 달러에 부정적인 영향을 미치고 있다는 건 이제 전 세계인이 다 아는 진실이 됐다. 미국 달러는 지난 수십 년 동안 그 가치의 99%를 잃어 왔다. 이는 엄청난 화폐 발행량에 따른 필연적인 현상이다. 어느 순간이 되면 미국 정부가 필사적으로 지켜내려는 미국 달러와 자유를 꿈꾸는 개인들의 가치 저장 수단인 비트코인이 운

명을 건 한판 대결을 벌일 수밖에 없다.

그 시점은 언제일까? 미국은 언제쯤 비트코인을 본격적으로 규제할까? 시가총액 2조 달러(2,200조 원)? 5조 달러(5,500조 원)? 정답은 아무도 모른다. 하지만 시간이 지나면 지날수록 비트코인을 금지하기는 점점 더 어려워진다. 비트코인이 오를수록 더 많은 사람이 투자에 뛰어들고 더 많은 사람이 뛰어들수록 비트코인은 전 세계로 분산돼 더 높은 수준의 탈중앙화가 일어나고 해시파워가 생겨 보안성은 더 높아진다. 그렇게 되면 연쇄적으로 비트코인의 가치는 더 오르게 된다.

다시 중요한 질문을 하나 던져본다. 미국 정부는 정말로 비트코인을 금지할 수 있을까? 이 질문을 바꿔보면 미국을 벗어나서 전 세계 모든 나라가 동시에 비트코인을 사용하지 못하도록 금지할 수 있을까? 그건 불가능하다. 왜일까? 전 세계 모든 나라가 비트코인 금지를 약속하고 같이 움직여야 하기 때문이다. 그런데 과연 전 세계 200개 국가의 이해관계가 모두 일치할까?

만약 이게 가능하다면 조세 회피를 위해 케이먼 군도에 법인을 만드는 일은 없을 것이다. 금융 실명제를 피하기 위해 스위스 은행을 이용하지도 않을 것이다. 유럽연합의 인프라를 저렴하게 활용하기 위해 100유로에 에스토니아의 전자영주권을 발행받고 온라인 법인을 설립할 일도 없을 것이다. 한국의 거액 자산가들이 상속세를 회피하게 위해 미국이나 싱가포르 이민을 심각하게 고민할 일도 없을 것이다.

전 세계의 200개 국가는 알게 모르게 서로 치열하게 경쟁하고 있다. 미국이 비트코인을 규제한다면 반사이익을 얻기 위해 비트코인을 합법화할 나라들도 많이 있다. 미국의 금주법은 마피아들에게 떼돈만 벌어주고 실패했다. 미국은 비트코인처럼 자유롭게 국경을 넘나들고 빠르고 눈에 보이지도 않는 상품을 완전히 없앨 수 없다. 비트코인 거래소가 미국에만 있는 게 아니기 때문이다.

비트코인은 네트워크 효과로 생존한다

또 하나 간과할 수 없는 게 비트코인의 네트워크 효과다. 사실 유럽은 미국 기업인 아마존에게 온라인 쇼핑몰 시장을 다 뺏겼고 넷플릭스에게 OTT 시장을 다 뺏겼고 페이스북에게 SNS 시장과 메신저 시장을 다 뺏겼다. 유럽 국가들 입장에서는 미국 기업인 아마존과 넷플릭스와 페이스북을 무척이나 규제하고 싶을 것이다. 하지만 유럽 대부분의 국민이 실생활에서 매일 사용하는 서비스를 규제할 수는 없다. 물론 미국과의 관계도 눈치가 보이겠지만 근본적으로는 수많은 국민의 눈치를 본다. 이미 네트워크 효과가 발생한 상품을 규제하면 국민의 거센 반발에 부딪히게 된다. 그래도 규제가 가능한 나라는 공산주의 국가인 중국뿐이다. 그래서 페이스북, 넷플릭스, 아마존이 중국에서는 전혀 힘을 쓰지 못하고 있다.

사실 미국 정부뿐만 아니라 전 세계 모든 정부는 비트코인을 싫어한다. 당연한 일이다. 자칫하다가는 화폐 주권을 뺏기게 될 텐데 누가 비트코인을 반길 수 있을까? 다만 자유 민주주의를 표방하는 미국 같은 나라에서 대놓고 중국처럼 비트코인 거래 금지를 발표하지는 못하고 속으로 끙끙 앓고 있을 뿐이다. 중국 이외에 비트코인을 가장 적극적으로 규제하려는 나라는 인도다. 인도 정부가 2018년에 가상자산 사업자들에 대한 금융 서비스 금지 조치를 했는데 인도 대법원이 이를 위헌으로 판결했다. 그러자 2021년 3월에는 더 강력한 조치로 비트코인을 보유만 해도 벌금을 부과하는 초강력 규제 법안을 준비하고 있다는 사실이 시장에 알려졌다. 그러자 비트코인 가격이 하루 만에 7,200만 원에서 1,000만 원이 폭락한 6,200만 원까지 내려왔다. 과연 인도의 초강력 규제는 장기적으로 성공할 수 있을까?

미국의 재닛 옐런Janet Yellen 재무장관은 비트코인이 폭등할 때마다 비트코인을 강하게 비판하며 위험성을 경고한다. 2021년 2월에 옐런은 한 콘퍼런스에서 "비트코인 거래는 비효율적이며 엄청난 에너지를 소비한다."라고 비판하며 "매우 투기적인 자산이고 변동성이 높아 투자자들이 큰 손해를 볼 수 있다."라고 말했다. 이 말이 전해지자마자 비트코인은 하루 만에 6,600만 원에서 5,000만 원까지 무려 1,600만 원이 하락하며 24%의 하락률을 기록했다. 그만큼 가상자산 시장은 정부의 규제를 굉장히 두려워한다. 정부의 규제는 비트코인의 존재 자체를 부정할 수 있는 위협요인이기 때문이다. 실제로 미국이 공산국가인 중국처럼 비트코인 거래를 금지시킬 수 있을까? 언젠가 달러가 무너질 위기에 처한다면 가능할 수도 있겠지만 아직은 먼 얘기라는 생각이 든다.

국가는 이론적으로 국민의 모든 것을 제한할 수 있다. 하지만 그건 국민이 국가에 세금을 내고 살아갈 때까지의 얘기다. 국민이 국가를 선택하는 것이 가능한 시대다. 이제 국가가 너무 괴롭히면 국민은 이민이라는 다른 선택지를 택할 수 있다.

대표적인 사례가 바로 프랑스 최고의 명품 기업 루이비통LVMH의 베르나르 아르노 회장이다. 그는 프랑스 정부가 2012년에 연간소득 100만 유로(14억 원)의 고소득자에게 75% 세금을 부과하는 부유세를 발표하자 분노해서 벨기에 시민권을 신청했다. 그러자 프랑스 정부는 황급해 부유세 도입을 취소했다.

미국, 중국, 인도가 비트코인을 없애겠다고 선언할 수도 있고 그로 인해 비트코인이 실제로 대폭락할 수도 있다. 하지만 딱 거기까지다. 미국, 중국, 인도 정부는 현실 세계에서 실제로 비트코인을 없앨 방법이 없다.

중앙은행 디지털 화폐가 나오면 비트코인은 없어질까?

"중앙은행 디지털화폐CBDC가 나오면 비트코인은 없어질 것이다." 비트코인을 이해하지 못 하는 사람들이 흔하게 하는 주장이다. 이런 주장을 하는 사람들은 비트코인이 왜 오르는지를 아직도 이해하지 못한다. 마치 현재 유통되는 법정화폐가 비트코인처럼 디지털 화폐로 바뀌면 이 모든 게 해결될 것으로 생각하는 사람들의 단순한 주장이다. 안타깝지만 비트코인은 디지털 화폐라서 폭등하고 있는 게 아니다. 발행량이 2,100만 개로 제한되어 전 세계에서 가장 희소성 있는 디지털 금이기 때문에 폭등하는 것이다. 그리고 비트코인의 폭등에 가장 크게 이바지하고 있는 건 바로 종이 화폐를 마구마구 찍어내는 미국과 각 국가들이다.

국가가 발행하는 중앙은행 디지털 화폐가 나오면 비트코인이 없어질 것이라는 주장이 얼마나 어리석은지 확인해보자. 베네수엘라에서는 이미 2018년에 중앙은행 디지털 화폐인 페트로가 나왔다. 그런데 이 실망스런 디지털 화폐를 누가 사용할까? 이 디지털 화폐도 베네수엘라 정부가 만든 것이다. 베네수엘라 초인플레이션의 가장 큰 원인은 정부의 화폐 남발에 있다. 베네수엘라 사람들은 여전히 해외로 송금할 때 비트코인을 쓴다. 중앙은행 디지털 화폐의 발행 주체가 정부라는 너무나 당연한 사실을 잊지 말아야 한다.

만약 미국에서 중앙은행 디지털 화폐가 나온다면 미국 경제에 약간은 도움이 될지도 모른다. 달러 화폐 인쇄비용이 조금은 절감될 테니 말이다. 그 나머지 효과는? 글쎄다. 지금도 현금이 아니라 전자결제를 원한다면 수많은 신용카드와 결제 수단들이 있다. 필자는 중앙은행 디지털 화폐에 전혀 관심이 없다. 그리고 비트코인에 미치는 영향력도 전혀 없을 것으로 전망한다.

6장

과연 알트코인들은
비트코인을 뛰어넘을까

1

가상자산이란 무엇인지
알아보자

가상자산Virtual Asset에 대한 기본 상식을 간략히 살펴보자. 필자는 '암호자산'이나 '디지털자산'이라는 직관적인 용어 대신 가상자산이라는 굉장히 어색한 용어를 사용하고 있다. 그 이유가 뭘까? 가장 큰 이유는 국제자금세탁방지기구FATF 때문이다. 국제자금세탁방지기구는 각국에 '암호화폐'라는 단어를 사용하지 말 것을 권고했다. '화폐'라는 단어가 대중을 오도할 수 있기 때문이다. 따라서 국제자금세탁방지기구가 권고한 가상자산이라는 용어가 표준어로 자리잡혀 가고 있다. 국제자금세탁방지기구는 또 가상자산과 관련한 자금세탁 방지 권고문을 전 세계 회원국의 법령에 반영하도록 했다. 권고문의 목적이 투자자 보호나 가상자산 사업 장려가 아니라는 점도 명백하게 했다.

국제자금세탁방지기구의 권고문을 반영한 우리나라의 특정금융정보법 제2조 제3호에는 가상자산을 '경제적 가치를 지닌 것으로 전자적으로 거래 또는 이전될 수 있는 전자적 증표'로 정의했다. 이런 이유로 필자도 되도록이면 가상자산이라는 용어를 사용하고 있다. 하지만 과거부터 가상화폐, 암호화폐, 암호자산, 디지털자산, 코인이라는 용어가 다양하게 사용되고 있다. 결국은 다 같은 용어다. 필자가 이 책에서 언급하는 2개의 주요 코인은 비트코인과 이더리움이다. 이 코인들은 각각 그 자체로 독자적인 시스템의 블록체인 네트워크를 갖추고 있는데 이를 메인넷이라고 부른다. 이렇게 독자적인 메인넷을 가지고 있는 가상자산을 코인이라 한다. 가상자산 종류에는 비트코인과 이더리움 외에도 수천 개가 있다. 그런데 코인 대신 토큰이란 용어를 쓸 때도 있다. 토큰이란 독자적인 메인넷을 가지고 있지 않은 가상자산을 말한다. 주로 이더리움 메인넷 계열인 ERC-20을 빌려서 본인들의 플랫폼을 가동하는 가상자산들을 토큰이라 한다.

물론 중소형 토큰 중에도 유망한 기술력을 갖춰 큰 폭으로 가격이 상승한 토큰들도 있다. 그리고 기술개발이 완료되고 나면 본인들의 메인넷으로 옮겨오는 때도 있다. 하지만 필자는 이 책에서 계속 강조해 왔듯이 최후의 그 순간까지 생존할 가능성이 가장 큰 코인은 글로벌 1등인 비트코인과 2등인 이더리움이라고 확신하고 있다. 그래서 그 이외의 중소형 코인이나 토큰들에 대한 투자를 추천하지 않는다.

가상자산 시가총액 부동의 1위는 비트코인이다. 2위는 과거에 리플과 엎치락뒤치락한 이더리움이 부동의 자리를 지키고 있다. 이더리움과 비트코인의 시가총액 차이는 보통 3~6배 사이로 움직이는 경향이 있다. 이더리움의 꿈은 언젠가 시가총액 1위인 비트코인을 뛰어넘는 것이다. 몇 년 뒤 이더리움 2.0 기술이 완벽하게 구현되면 이더리움은 비트코인을 뛰어넘을 수 있을까? 필자는 불가능하다고 생각한다. 비트코인의 1위 자리는 영원할 것이라는 게 필자의 생각이다. 비트코인은 이미 가치 저장 수단이라는 독보적인 지위를 차지했기 때문이다.

그렇다면 이더리움은 계속해서 부동의 2위 자리를 지켜낼 수 있을까? 지켜낼 가능성이 매우 크다. 하지만 확신할 수는 없다. 이더리움도 상당히 탄탄한 네트워크 효과를 가지고 있지만 이더리움의 포지션은 늘 기술경쟁에 끊임없이 노출돼 있기 때문이다. 나중에 좀 더 좋은 기술을 가진 코인들이 혜성같이 등장한다면 이더리움의 2위 자리는 위협받을 수도 있다. 지난 몇 년간 상위 10개 코인들의 시가총액 순위 변천사를 통해 필자의 이런 생각이 합리적인지 같이 살펴보자.

2

과거 시가총액 상위 코인들은
어떻게 됐을까

　우리나라에서 어느 정도 코인 투자가 유행하기 시작했던 2017년 초의 상황으로 돌아가 보자. 비트코인이 지속적으로 시가총액 1위였다는 사실은 변함이 없다. 제일 눈에 띄는 건 2015년 7월에 혜성같이 등장한 이더리움이 단숨에 2위로 올라섰다는 점이다. 2017년 초 시장에서 가장 중요한 사실은 상위 10개 코인 중 그 어느 코인을 매수했든 상관없이 2018년 1월까지 1년간 광란의 상승 질주가 이어졌다는 점이다. 상위 200개 코인으로 범위를 넓혀봐도 결과에 큰 차이는 없을 것이다. 엄청난 투기 열풍으로 인해 코인을 매수한 후 계속 가지고만 있었다면 모두 큰돈을 벌 수 있었다.

　2017년 초까지만 해도 우리나라 사람 중에 코인 시장에 관심을 가졌던 사람은 극소수였다. 하지만 점점 더 많은 사람이 가상자산 시장에 관심을 두기 시작하면서 시장이 뜨거워졌다.

2017년 1월의 코인 시장(대폭등 직전의 상황)

코인 시가총액 상위 10개(2017년 1월 1일 기준 글로벌 가격)

순위	코인명	코드명	코인가격	시가총액
1위	비트코인	BTC	1,098,163원	17조 6,555억 원
2위	이더리움	ETH	8,987원	7,866억 원
3위	리플	XRP	7원	2,545억 원
4위	라이트코인	LTC	4,971원	2,439억 원
5위	모네로	XMR	15,367원	2,101억 원
6위	이더리움클래식	ETC	1,540원	1,344억 원
7위	대쉬	DASH	12,353원	864억 원
8위	어거	REP	4,400원	484억 원
9위	메이드세이프코인	MAID	107원	482억 원
10위	스팀	STEEM	177원	407억 원

(출처: 코인마켓캡 역사적 스냅샷, 1,100원 원화 환산)

시가총액 상위 10개 코인이 2017년 1월에서 정확히 1년이 지난 2018년 1월에 최고가를 찍은 실제 날짜는 코인별로 모두 다르다. 특히 우리나라는 일명 '김치 프리미엄'이라는 신조어가 나올 정도로 글로벌 시세보다 30% 이상 더 높게 거래됐다. 그러다 보니 2018년에 코인에 투자했던 경험이 있는 독자들이라면 본인이 체감하는 코인 가격과 아래 표의 코인 가격이 다르게 받아들여질 것이다. 자료의 통일성 있는 비교를 위해 코인마켓캡의 역사적 스냅샷 2018년 1월 7일자 가격을 참고한 점에 대해 양해를 구한다. 실제로 우리나라에서 당시 김치 프리미엄이 반영된 코인 최고가는 비트코인 2,500만 원, 이더리움 230만 원, 리플 4,800원 수준이었다.

2018년 1월의 코인 시장(1년간 대폭등했던 광란의 시대)

코인 시가총액 상위 10개(2018년 1월 7일 기준 글로벌 가격)

순위	코인명	코드명	코인가격	시가총액	1년 상승률
1위	비트코인	BTC	18,125,349원	304조 원	17배
2위	리플	XRP	3,718원	144조 원	531배
3위	이더리움	ETH	1,268,487원	123조 원	141배
4위	비트코인캐시	BCH	3,065,568원	52조 원	△(2017년 발행)
5위	에이다	ADA	1,111원	29조 원	△(2017년 발행)
6위	넴	XEM	2,024원	18조 원	506배
7위	라이트코인	LTC	317,295원	17조 원	64배
8위	트론	TRX	220원	14조 원	△(2017년 발행)
9위	스텔라	XLM	770원	14조 원	282배
10위	아이오타	MIOTA	4,477원	12조 원	자료 없음

(출처: 코인마켓캡 역사적 스냅샷, 1,100원 원화 환산)

2017년 초부터 2018년 1월까지 질주하던 상승장을 어떻게 설명할 수 있을까? 일단 상위 10개 코인 중 가장 뜨거웠던 리플은 코인마켓캡 기준으로 7원에서 3,700원으로 1년간 무려 531배가 상승했다.

만약 1,000만 원을 투자했다면 53억 원이 됐다는 뜻이다. 리플과 시가총액 2위 자리를 다퉜던 이더리움도 9,000원에서 127만 원으로 141배가 상승해 만약 1,000만 원을 투자했다면 14억 원이 됐다. 그 외의 코인들도 100~200배 정도는 우습게 상승했던 광기 가득했던 시장이었다. 여기에 비하면 시가총액 1위인 비트코인의 17배 상승은 매우 겸손해 보인다. 시가총액 범위를 500위까지 확대하면 1,000배 이상 상승한 코인도 있었다고 생각하면 된다.

당시 일찍 코인에 투자해 성급하게 팔지 않고 기다렸다면 정말 어마어마한 수익을 낼 수 있었다. 주변에 5억~10억을 번 사람은 흔한 편이었고 아주 소수이긴 하지만 50억 원 이상을 번 사람들도 심심치 않게 나왔던 호시절이었다. 필자는 이 시기에 순댓국집에서 순댓국을 먹다가 옆 테이블에서 고등학생들이 처음 들어보는 코인 이름을 얘기하며 어제 몇십만 원씩을 벌었다고 서로 자랑하는 대화를 듣고 투기의 종착역에 가까이 와 있다는 느낌을 받기도 했다.

2018년 12월의 코인 시장 (1년간의 코인 시장 대붕괴)

코인 시장은 2018년 1월 이후 완전히 붕괴됐다. 당시의 대붕괴를 우리 정부의 비우호적인 코인 정책 때문이라고 생각하는 사람들도 있다. 하지만 진실은 전혀 그렇지 않다. 가상자산은 우리나라뿐만 아니라 전 세계 거래소에서 거래된다. 그냥 엄청난 버블의 무게를 버티지 못하고 붕괴됐을 뿐이다.

비트코인만 80%의 양호한(?) 손실률을 보였고 나머지 모든 코인

코인 시가총액 상위 10개(2018년 12월 16일 기준 글로벌 가격)

순위	코인명	코드명	코인가격	시가총액	1년 하락률
1위	비트코인	BTC	3,578,124원	62조 원	△80%
2위	리플	XRP	317원	13조 원	△91%
3위	이더리움	ETH	93,786원	10조 원	△93%
4위	스텔라	XLM	106원	2조 원	△86%
5위	이오스	EOS	2,112원	2조 원	△85%
6위	라이트코인	LTC	28,160원	2조 원	△91%
7위	비트코인캐시	BCH	89,804원	2조 원	△97%(SV와 분리)
8위	비트코인SV	BSV	85,074원	1조 원	△(2018년 분리)
9위	트론	TRX	14원	1조 원	△94%
10위	에이다	ADA	32원	1조 원	△97%

(출처: 코인마켓캡 역사적 스냅샷, 1,100원 원화 환산)

은 90% 이상 폭락했다. 당시 손실률을 보면 시가총액 부동의 1위인 비트코인이 과연 가격하락 방어가 잘 된 건지에 대해서는 의구심이 든다. 손실률 80%! 일반 투자자들이 감내해내기에는 너무나도 심각한 손실이기 때문이다.

2021년 3월의 코인 시장

독자들이 보기에 다소 어수선할 수는 있지만 그래도 다음 표를 상세히 살펴보자. 중요한 정보들이 많이 담겨 있다. 전고점 대비 수익률과 전저점 대비 수익률 비교를 통해 코인 가격의 변동 내역과 코인

코인 시가총액 상위 10개(2021년 3월 14일 기준 글로벌 가격)

순위	코인명	코드명	코인가격	시가총액	전저점/수익률 (2018.12.16) 대비	전고점/수익률 (2018.1.7) 대비
1위	비트코인	BTC	65,232,552원	1,216조	1,723%	260%
2위	이더리움	ETH	2,040,016원	235조	2,075%	61%
3위	바이낸스코인	BNB	291,104원	45조	5,591%	1,318%
4위	에이다	ADA	1,166원	37조	3,544%	5%
5위	폴카닷	DOT	40,238원	37조	(2020년 발행)	(2020년 발행)
6위	리플	XRP	486원	22조	53%	△87%
7위	유니스왑	UNI	33,880원	18조	(2020년 발행)	(2020년 발행)
8위	라이트코인	LTC	236,830원	16조	741%	△25%
9위	체인링크	LINK	31,669원	13조	13,815%	2,167%
10위	비트코인캐시	BCH	613,536원	11조	583%	△80%
11위	스텔라	XLM	430원	10조	306%	△44%

(출처: 코인마켓캡 역사적 스냅샷, 1,100원 원화 환산, 스테이블코인 제외)

상호 간의 비교가 좀 더 쉽도록 정리했다.

[특징1] 2위 리플의 붕괴와 전고점을 회복하지 못한 코인들

이더리움과 시가총액 2위 자리를 다투었던 리플이 빅3 자리를 지켜내지 못하고 6위(2021년 3월)로 내려앉은 것이 가장 눈에 띈다. 리플은 한때 시가총액 2위 코인으로 많은 투자자가 보유했다. 하지만 2021년 3월 기준 가격은 전고점에서 80% 이상 하락한 상태라 아쉬움이 크다. 시가총액 5위였던 이오스도 순위에서 사라졌다. 추가로

라이트코인, 스텔라, 비트코인캐시도 2018년 1월의 전고점을 아직 회복하지 못하고 큰 폭의 마이너스를 보이고 있다.

[특징2] 시장 트렌드의 변화와 톱 10위권 코인들의 순위 다툼

코인 시장의 트렌드는 너무나 빨리 변한다. 관심 없는 투자자라면 들어본 적도 없을 디파이DeFi, 스테이킹Staking, NFT 등 새로운 용어들이 쏟아져 나오고 관련 코인들이 폭등하는 장세가 이어지고 있다. 부동의 시가총액 1위인 비트코인을 제외하면 상위 10위권 코인들의 순위 다툼도 여전히 치열했다. 리플과의 2위 다툼에서는 이더리움이 완승했고 앞으로도 이더리움이 계속 2위를 지켜낼 가능성이 크지만 안심할 수는 없다.

[특징3] 2020년에 발행된 폴카닷과 유니스왑의 순위권 진입

2020년에 새로 발행된 폴카닷과 유니스왑이 각각 5위권과 7위권에 신규 진입했다는 사실 자체가 여전히 코인 시장은 트렌드 경쟁과 기술경쟁이 치열하다는 사실을 방증한다. 오래전에 발행된 코인이라고 반드시 유리한 게 아니라 새로운 트렌드와 기술력만 있다면 불과 1년 만에도 시가총액 상위 10위권에 진입하는 시장 상황을 통해 코인 시장의 역동성을 확인할 수 있다.

[특징4] 바이낸스코인과 체인링크의 전고점 대비 10배 이상 상승

상당수의 코인들은 2017년 1월에서 2018년 1월까지 1년간 계속

된 광란의 폭등장 이후 당시의 고점을 2021년 3월 현재까지도 회복하지 못한 경우가 많다. 하지만 바이낸스코인과 체인링크의 경우 전고점을 회복한 정도가 아니라 그 고점에서 10배 이상 더 폭등했다는 점이 눈에 띈다.

[특징5] 비트코인의 부동의 1위 자리 수성과 안정적인 수익률

비트코인은 처음 발행됐던 2009년 1월부터 지금까지 단 한 번도 시가총액 1위 자리를 뺏긴 적이 없다. 최근에는 사상 처음으로 시가총액 1,200조 원을 돌파했다. 과거에도 그래 왔듯이 앞으로도 비트코인이 1위 자리를 계속 수성할 것으로 예상된다. 시장 트렌드가 정신없이 바뀌는 코인 시장이지만 비트코인이 1위를 수성할 거라는 전망이 그나마 가장 확실해 보인다.

비트코인 가격은 2018년 1월의 전고점보다 260%가 상승해 안정감이 있어 보인다. 아직 전고점을 회복하지 못한 수많은 코인과 비교해보면 더욱 그렇다. 하지만 혜성같이 나타난 신규 코인들의 폭등과 전고점 대비 10배 이상 폭등한 일부 기존 코인들을 보면 상대적으로 비트코인의 수익률이 밋밋해 보이는 것도 사실이다. 단 안정감에 있어서는 다른 모든 코인을 압도한다.

과거 인기 코인 중 7개는 하락률이 90%나 된다

시가총액 상위 10위권의 코인 가격들을 살펴보면 상당수는 전고점을 회복했거나 오히려 뛰어넘은 코인들도 있다. 이런 자료들만 제

하락률 90% 코인 하위 7개(한국 기준)

순위	코인명	2018년 1월 최고가	2021년 2월 말 현재가	하락률
1위	퀀텀	124,000원	6,000원	△95%
2위	스팀	7,000원	480원	△93%(국제 기준)
3위	대시	2,400,000원	240,000원	△90%
4위	제트 캐시	1,360,000원	140,000원	△90%
5위	리플	4,800원	500원	△90%
6위	네오	270,000원	40,000원	△85%
7위	이더리움 클래식	73,000원	12,000원	△84%

(출처: 빗썸, 업비트, 코인마켓캡)

시하면 독자들이 리스크에 대해 별로 신경 쓰지 않을 것 같다는 우려가 생겼다. 그래서 2018년 1월에는 우리나라에서 나름 인기가 있었지만 현재는 가격이 90% 이상 폭락한 코인 7개를 선별해 리스크를 상기하려고 한다.

이 코인들은 2018년 당시에 굉장히 유망한 코인들로 주목받았고 실제로 많은 투자자가 투자했다. 하지만 3년이 지난 2021년 2월 말 시점에서 확인한 결과 여전히 어마어마한 낙폭을 회복하지 못하고 있다. 하락률 90%의 의미는 투자자가 1억 원을 투자했을 경우 9,000만 원을 손해 보고 1,000만 원만 남아 있다는 뜻이다. 정말 충격적인 손실률이다.

앞에서 확인했던 시가총액 상위 10개 코인 중 일부가 비트코인보다 상승률이 월등했다고 해서 반드시 다른 코인들도 모두 다 상승한 건 아니다. 이렇게 예상치 못하게 대폭락한 코인들도 있음을 늘 명심해야 한다. 그 외에도 수많은 코인이 아예 상장 폐지돼 거래조차 되지 않거나 껍데기만 남기도 했다. 투자자는 언제나 투자 리스크에 대해서 생각해야 한다. 투자에 대한 책임은 오롯이 투자자 본인이 감당해야 하기 때문이다.

3

주요 알트코인들의
특징을 알아보자

비트코인 외에 뛰어난 기술력을 갖춘 시가총액 상위권의 주요 코인들에 대해서도 알아보자. 필자가 반복해서 주장하듯이 평균적인 지식을 가진 일반 투자자들이 각 코인의 복잡한 기술력을 이해하고 게다가 평가까지 할 능력을 갖추기는 매우 어렵다. 게다가 그 코인들이 향후 기술적으로 얼마나 더 발전할지를 예측해내는 건 현실적으로 불가능하다.

필자가 과거에 증권사 지점장으로 근무했을 때 가장 힘들었던 점은 새로운 회사들이 혁신적인 기술을 만들어 계속 쏟아져 나오는데 그중 어느 회사가 잘될지를 맞혀야 했던 것이다. 필자는 오랜 기간을 분석한 끝에 드디어 내 평범한 능력으로는 도저히 맞출 수 없다는 아주 현실적인 결론을 내리게 됐다. 그래서 그 뒤부터 필자는 새로운 멋진 회사 대신에 글로벌 1등 회사들에 집중해 투자하는 방법을 택했다. 이 방법이 최고의 수익률을 가져다주지는 않았지만 평균보다 높은 수익률을 편안하게 달성할 수 있다는 점에서 매력적이었다. 특히 생업에 종사해야 하는 대부분의 일반 투자자들에게는 무척 합리적인 방법이다.

코인 시장 역시 마찬가지다. 혜성같이 등장하는 새로운 멋진 코인들에 대해 분석하기보다는 부동의 1등인 비트코인을 장기 보유하는 것이 평균 수익률을 초과 달성할 비법이다. 하지만 급변하는 코인 시장의 트렌드를 완전히 외면할 수는 없기에 시가총액 10위권 기업 중 최근 들어 두드러져 보이는 일부 코인에 대해서만 아주 간략하게 살펴보자.

투자자들의 수준은 매우 다양하다. 이른바 선수급들은 이미 가상자산 시장의 빠른 트렌드를 읽어 내고 디파이, 스테이킹, NFT 차익거래 등을 발 빠르게 이용해 엄청나게 많은 돈을 벌고 있다. 하지만 이런 류의 전문 투자는 아무나 할 수 있는 게 아니다. 평균적인 지식 수준을 가진 대부분의 일반 투자자들이 선불리 뛰어들었다가는 그 끝이 안 좋을 수 있다. 2017년 암호화폐공개ICO 시장이 대호황이었을 때도 돈을 잃은 사람들이 많았다는 사실을 명심하자.

이더리움

코인에 투자를 하지 않는 독자들이라도 시가총액 2위인 이더리움 Ethereum에 대해서는 많이 들어봤을 것이다. 비트코인이 '계산기'라면 이더리움은 '컴퓨터'라고 비유한다. 이렇게 기능이 많은 이더리움의 핵심기술까지 모두 알아보기는 어려우므로 최대한 간단히 알아보자.

비트코인은 송금과 결제 기능이 대부분이라서 1세대 코인이라 하고 이더리움은 스마트 계약이라는 기능을 통해 다양한 서비스를 만들어낼 수 있어 2세대 코인이라 한다. 이더리움의 창시자 비탈릭 부테린Vitalik Buterin은 외계인으로 불린다. 그가 불과 만 19세였던 2013년에 이더리움 백서를 썼기 때문이다. 천재보다 더 파격적인 단어를 찾다 보니 외계인이 됐다. 세상의 혁신은 다 이상한 천재들을 통해 일어났다. 애플의 스티브 잡스, 아마존의 제프 베조스, 테슬라의 일론 머스크같이 말이다. 이런 측면에서 보면 이더리움의 비탈릭 부테린 또한 기대된다.

이더리움의 또 다른 장점은 구글의 안드로이드나 애플의 iOS 같은 플랫폼 역할을 한다는 점이다. 여러 가상자산들이 이더리움과 같은 플랫폼 기능을 도입해 경쟁하고 있지만 여전히 이더리움의 플랫폼이 가장 인기가 많다. 약 3,000개가 넘는 블록체인 서비스 중 이더리움의 플랫폼을 기반으로 하는 서비스가 60% 이상이다. 점유율이 높으니 전 세계에서 가장 많은 IT 기술자들이 이더리움의 기능 향상을 위해 스스로 참여해 협업하고 있다. 그래서 세계 각지에는 수많은 이더리움 커뮤니티가 형성돼 있다.

이더리움이 전 세계적으로 널리 쓰인 첫 번째 사례는 2017년의 암호화폐공개 열풍이었다. ERC-20은 이더리움의 토큰 발행 표준이다. 토큰 개발자들은 처음 암호화폐 개발 시 이미 광범위하게 쓰여 온 이더리움의 ERC-20 토큰의 표준 규격에 맞춰서 개발했다. 이후에 암호화폐공개 시 이더ETH로 개발자금을 모으면 미리 설정된 스마트 계약에 따라 자동으로 처리돼 편리하고 개발 완료 후에는 토큰을 자신들의 메인넷으로 옮겨 오기도 쉽기 때문이다.

암호화폐공개 열풍이 불었던 2017년에만 약 300건 이상의 암호화폐공개 프로젝트 중 상당수가 이런 식으로 진행됐다. 물론 그중에서는 크게 성공한 암호화폐들도 있었지만 자금만 모집한 후 사라졌거나 개발에 실패해 유명무실해진 곳도 많다.

이더리움이 두 번째로 널리 쓰인 사례는 뭘까? 나중에 상세하게 설명할 디파이 서비스다. 2020년에 이 서비스가 폭발적으로 성장하면서 이더리움의 두 번째 전성기가 시작됐다. 디파이 시장 규모는 2020년 초보다 2021년 3월에 최소 50배 이상 폭발적으로 성장했는데 주로 이더리움 네트워크를 사용한다. 그래서 이더리움의 속도에 과부하가 걸려버렸다.

게다가 이더를 매입하는 수요가 많아지면 이더리움 네트워크 수수료인 가스비Gas Fee도 급등한다. 가스비는 거래의 복잡성에 따라 비용이 올라가는데 2021년 2월 23일에는 일시적으로 건당 평균 수수료가 무려 4만 3,000원(39달러)까지 폭등했다. 다행히 2021년 3월에는 평균 1만 원(10달러)대로 떨어지면서 안정화됐다. 하지만 여전히 비싸다. 은행의 온라인 이체 수수료가 500원인 걸 생각해보라.

이 상황에서 2021년부터는 NFT 시장까지 활성화되면서 이더리움 네트워크의 사용자가 더욱 많아지고 있다. NFT는 지금 설명하면 너무 복잡하니 뒤에서 별도로 설명하겠다. 어쨌든 사용자 수가 증가할수록 이더리움에는 좋은 일이겠지만 반대로 속도가 갈수록 느려지는 게 고질적인 문제점이다. 그래서 이더리움의 업그레이드는 선택이 아니라 필수가 됐다.

이더리움은 사실 오래전부터 업그레이드를 계획하고 있었다. 여러 번의 계획 변경 끝에 가장 최근에 나온 개념이 바로 이더리움 2.0이다. 이더리움 2.0의 가장 큰 변화는 채굴 방식이 작업증명PoW에서 지분증명PoS으로 바뀐다는 점이다. 작업증명은 복잡한 수학 문제를 풀어 그 보상으로 암호화폐를 얻는 것이다. 지분증명은 보유한 암호화폐의 수량에 따라 그 지분율만큼 보상을 받는 개념이다. 그 외에도 여러 가지가 추가된다. 그래서 업그레이드가 완료되면 속도가 획기적으로 빨라지고 보안성이 더 강화되는 등 기능이 좋아지기 때문에 많은 사람이 이더리움 2.0을 애타게 기다리고 있다.

현재 이더리움 네트워크를 사용하는 프로젝트와 사용자 수는 점점 더 증가하고 있다. 그래서 더욱 강력한 네트워크를 구축해가고 있다. 그렇다면 이더리움의 약점은 뭘까? 일단 비트코인과 달리 발행량에 제한이 없다. 현재는 이 점이 약점으로 지적된다. 또 다른 약점은 계속해서 이더리움의 플랫폼 기능에 도전하는 새로운 프로젝트들이 나오고 있다는 점이다. 이더리움은 독보적인 존재감을 가지고 있지만 이더리움 2.0으로의 업그레이드는 계획보다 많이 늦어지고 있다. 예상 소요 기간을 시장에서는 최소 2년 이상으로 전망한다.

이 틈을 노린 추격자들의 속도는 빨라지고 있다. 2021년 3월 14일 기준으로 비트코인의 시가총액이 1,216조 원, 이더리움 시가총액이 235조 원으로 부동의 2위 자리를 굳건히 지키고 있다. 하지만 2세대 인 이더리움을 뛰어넘는 꿈을 꾸는 3세대 블록체인인 에이다와 폴카닷이 각각 37조 원까지 시가총액이 상승한 점이 눈에 띈다.

리플

미국 리플랩스Ripple Labs가 발행한 코인(토큰)이 바로 리플XRP이다. 리플의 최대 장점은 국제 결제 속도가 2초에 불과할 정도로 빠르다는 점이다. 그래서 국제송금을 은행을 통해 하는 것보다 리플로 하는 게 훨씬 효율적이라는 점은 독보적인 매력이다. 리플은 2012년에 발행된 1세대 코인으로 비트코인에 이어 꾸준히 이더리움과 2위 다툼을 했던 메이저 코인이다. 특히 2017년에는 1년간 무려 500배 이상 폭등하면서 많은 투자자에게 큰 수익을 안겨줬다.

여기서 전혀 엉뚱한 질문을 하나 던져본다. 비트코인은 증권인가, 상품인가? 사실 투자자로서는 전혀 안 궁금하고 알고 싶지도 않다. 그게 왜 중요하지? 하고 의아해할 것이다. 하지만 이 질문은 굉장히 중요하다. 어떻게 분류되느냐에 따라 미국 증권거래위원회SEC의「연방증권법」등록규정 위반 여부가 결정되기 때문이다. 다행히 미국 증권거래위원회가 비트코인은 증권이 아니라 상품임을 명확히 확인해주었다. 하지만 가상자산 시장에서 시가총액 2위를 다퉜던 리플에 대해서는 2020년 12월에 미국 증권거래위원회가 '증권'으로 판정을 내리고 CEO인 브래드 갈링하우스Bradley Kent Garlinghouse 등을「연방증권법」위반(미등록 증권 판매 혐의)으로 기소했다.

리플랩스사가 리플을 투자자에게 판매하면서 미등록 증권을 판매했다는 것이 기소 이유다. 리플의 초기 자금 모집은 증권거래위원회에 가격과 판매 여부를 등록하지 않은 상태로 진행됐고 등록 면제 조건도 미충족해「연방증권법」의 등록 규정을 위반했다. 이 기소 조치 발표 후 며칠 만에 리플 가격은 60% 이상 폭락하면서 시가총액 순위가 5위 밖으로 하락했다. 2021년 3월 현재도 이 소송은 계속 진행되고 있다.

소송 결과가 어떻게 될지는 예측하기 어렵지만 리플 입장에서는 중대 고비를 맞게 됐다. 암호화폐공개를 통해 초기 자금을 조달했던 프로젝트는 리플뿐만이 아니다. 그 외에도 상당수의 중소형 코인들이 암호화폐공개를 통해 투자자들에게 판매됐다. 이 코인들이 만약 증권으로 판명난다면 앞으로도 상당수 코인이 미국「연방증권법」위반으로 기소될 수 있다는 점에 주의하자.

에이다

홍콩에 설립된 IOHK에서 개발한 카르다노Cardano 블록체인 플랫폼에서 발행한 코인을 에이다ADA라고 한다. 이더리움 공동개발자인 찰스 호스킨슨Charles Hoskinson이 카르다노의 창시자다. 카르다노는 처음부터 안전한 스마트 계약 플랫폼을 만들기 위한 목적으로 설계됐다. 카르다노에서 발행한 에이다 코인은 2017년에 도입됐으며 총 발행물량은 450억 개로 제한돼 있다.

이더리움을 뛰어넘는 것을 목표로 하는 카르다노 프로젝트는 3세대 블록체인으로 불린다. 이더리움은 작업증명에서 지분증명으로 채굴 방식을 변경하려 하고 있는데 이미 에이다는 지분증명 방식으로 발행되고 있는 점이 특징이다. 수학적 검증에 기반을 둔 언어인 하스켈Haskel을 개발 언어로 선택해 프로그램의 논리적 오류를 최소화하고 보안성을 강화했다. 총 5단계인 바이런 – 셸리 – 고겐 – 바쇼 – 볼테르의 단계로 개발을 진행하고 있다. 현재는 고겐 단계까지 진입한 상태다.

에이다는 전 세계 주요 거래소에 모두 상장돼 있다. 2위인 이더리움의 시가총액이 235조 원인 데 비해 에이다의 시가총액은 2021년 3월 14일 기준 37조 원으로 격차가 상당히 큰 편이다. 사용자 수 또한 이더리움의 압도적인 점유율에 비하면 미미하다. 하지만 최근에 리플의 시가총액을 뛰어넘으며 4위까지 올라선 사실로 볼 때 시장은 에이다의 기술력과 가능성을 크게 평가하는 것으로 보인다.

폴카닷

폴카닷Polkadot은 이더리움의 공동개발자였던 개빈 우드Gavin Wood가 2016년에 프로젝트를 시작했다. 2020년에 폴카닷코인을 발행하며 혜성같이 시장에 등장했다. 이더리움이 D앱 개발을 위한 메인넷을 제공하는 플랫폼이라면 폴카닷은 상호 운용성을 강화해 서로 다른 여러 블록체인을 연결하면서도 확장성을 유지할 수 있는 새로운 형태의 네트워크 플랫폼이다. 폴카닷도 작업증명이 아니라 지분증명 방식으로 발행되는 3세대 블록체인이다.

특이하게도 2020년 7월에 기존의 암화화폐공개 방식 대신 선물공개IFO, Initial Futures Offering라는 새로운 투자유치 방식을 도입해 눈길을 끌었다. 선물공개는 공식 출시되지 않은 가상자산을 선물 형태로 제공하는 방식으로 초기의 자금 유치에 성공했다.

폴카닷은 이더리움의 2위 지위를 위협하는 코인이 될 것으로 전망되며 최근에 급등했다. 2020년부터 디파이 사용자가 급증하면서 이더리움의 가스비가 치솟고 거래 속도까지 느려져 이더리움 블록체인의 대안을 찾는 움직임이 커졌기 때문이다. 하지만 폴카닷의 서비스는 이더리움과 보완적인 관계라 앞으로도 동반 성장할 가능성이 더크다. 사용자 수 또한 이더리움의 압도적인 점유율에 비하면 미미한상황이다.

폴카닷은 전 세계 주요 거래소에 대부분 상장돼 있다. 2021년 3월 14일 기준 시가총액이 37조 원까지 급속도로 커지면서 리플을 제치고 5위를 차지했다. 불과 1년 전인 2020년에 발행된 신생 코인이지만 우리나라 주요 가상자산거래소에서도 매수가 가능하다.

테더와 USD코인은 스테이블코인이다

2021년 3월 14일 기준 코인마켓캡의 시가총액 상위 코인을 살펴보면 4위는 테더Tether이고 12위는 USD코인이 차지하고 있다. 하지만 이 코인들은 둘 다 스테이블코인Stablecoin이라서 필자가 편집한 순위에서는 제외했다. 스테이블코인이란 가격 변동성을 최소화하도록 설계된 코인으로 보통 1코인이 1달러의 가치를 갖는다.

테더는 법정화폐인 미국 달러를 담보로 발행했으므로 테더 1개와 미국 1달러의 가치가 고정돼 있다. 따라서 테더 발행사인 테더 리미티트는 테더 공급량만큼의 달러를 비축해두고 있어야 한다. 그런데 정말로 테더가 공급량만큼 달러를 보유하는지는 늘 의심을 받아왔다. 그래서 미국 상품선물거래위원회CFTC가 조사에 나섰는데 별 이상은 없는 것으로 판명됐다. USD코인 역시 미국의 서클과 코인베이스가 합동으로 개발한 스테이블코인으로 USD코인 1개와 미국 1달러의 가치가 고정된 이더리움 기반의 코인이다. 거래에 스마트 계약으로 프로그래밍이 가능하고 이더리움 D앱에서도 사용할 수 있다.

우리 같은 투자자는 가격 변동성이 없는 코인에 투자할 이유가 없다. 그럼에도 굳이 언급하는 이유는 디파이 시장이 성장하면서 스테이블코인에 대한 수요 역시 증가하고 있기 때문이다. 뒤에서 설명할 유니스왑도 이더와 세트로 USD코인이 활용되는 경우가 흔하다. 그래서 가치변동이 없는 스테이블코인들이 높은 시가총액을 유지하고 있다.

디파이 서비스를 이용하려면 변동성이 적은 코인이 필요한데 이때도 스테이블코인이 필요하다. 디파이 서비스의 대표격인 이자 농사Yield Farming 역시 스테이블코인의 유동성 공급을 기반으로 이루어지기 때문이다. 그래서 향후 가상자산 시장이 커질수록 비트코인과 함께 기축통화 역할을 할 스테이블코인 시장은 계속 성장할 수밖에 없다.

그런데 달러에 연동된 스테이블코인인 테더와 USD코인은 한국거래소에서는 살 수 없다. 해외 거래소를 통해서만 매수가 가능하다.

바이낸스코인

바이낸스코인BNB을 설명하기 위해서는 먼저 세계 최대 가상자산 거래소인 홍콩의 바이낸스를 알아야 한다. 바이낸스는 거래대금이 미국 코인베이스의 5배가 넘는 부동의 세계 1위 가상자산거래소다. 바이낸스의 창평 자오趙長鵬 대표는 가상자산 시장의 트렌드 변화에 민감하게 대응하며 유망한 코인들을 신규 상장하고 혁신적인 서비스들을 과감하게 도입했다. 그래서 세계 각국의 투자자들에게 선풍적인 인기를 끌고 있다.

바이낸스가 2017년 7월에 새롭게 발행한 코인이 바로 바이낸스코인이다. 바이낸스코인은 처음에는 이더리움의 ERC-20을 기반으로 발행됐지만 이후 자체 플랫폼인 바이낸스 체인으로 이동했다. 총 2억 개를 발행했으며 발행 당시 가격은 개당 1달러였으나 현재 가격

가상자산거래소 글로벌 순위

순위	국적	거래소명	일일 거래대금
1위	홍콩	바이낸스	28조 원(본사-몰타 공화국?)
2위	중국	후오비	9조 원(본사-세이셸 공화국?)
3위	미국	코인베이스	4조 원(본사-미국)

(출처: 코인마켓캡, 2021년 3월 2일)

은 250달러가 넘는다. 2021년 3월 14일 기준 무려 250배가 상승해 시가총액 45조 원으로 3위 자리를 차지했다. 바이낸스코인은 우리나라 일부 거래소에서 매수가 가능하다.

유니스왑

블록체인 기술의 핵심은 탈중앙화다. 그런데 아이러니하게도 가상자산거래소들은 중앙화 형태로 운용돼왔다. 중앙화 형태의 대표적인 거래소가 바로 위에서 설명한 바이낸스 거래소다. 세계 1위답게 2021년 3월 기준 1일 거래량은 30조 원에 육박한다. 이런 상황을 개선하기 위해 나온 개념이 탈중앙화 가상자산거래소DEX인데 유니스왑Uniswap이 그 선구자 역할을 해왔다. 1일 거래량은 2021년 3월 기준 1조 원을 훌쩍 넘는 수준이다. 바이낸스에는 크게 못 미치지만 그래도 전체 거래소 순위로는 20위권에 해당한다. 탈중앙화 거래소임을 고려하면 놀라운 거래량이라 할 수 있다.

유니스왑은 이더리움 재단에서 일했던 헤이든 애덤스Hayden Adams가 2018년 11월에 만들었다. 유니스왑은 바이낸스 거래소 같은 제3자의 개입 없이 암호화폐를 전자지갑에 보유한 상태로 양자 간 거래가 자율적으로 이뤄지는 플랫폼이다. 이더리움 블록체인에서 운용되며 이더리움 지갑이 있다면 누구나 유니스왑을 통해 코인(토큰)을 교환할 수 있다.

유니스왑은 유동성 공급 기술AMM을 개발해 가상자산 시장의 탈중앙화 거래소 활성화에 혁혁한 공을 세웠다. 2020년 9월에 유니스왑이 자체 코인인 '유니UNI'를 이더리움의 ERC-20을 기반으로 발행하며 돌풍을 일으켰다.

　초기 공급되는 물량의 60%가 유니스왑 참여자에게 배분됐고 개발팀에게 21.51%, 초기 투자자에게 17.80%, 자문위원에게 0.69%가 배분됐다. 총 공급량은 10억 유니이며 2024년 연말까지 모든 코인이 시장에 공급될 예정이다. 유니스왑의 유니는 폭등에 폭등을 거듭해 코인마켓캡 2021년 3월 14일 기준으로 시가총액 7위를 기록했다. 유니는 우리나라 주요 가상자산거래소에서 매수가 가능하다.

4

가상자산 시장의
최신 트렌드는 디파이다

지금 가상자산 업계에서 가장 뜨거운 시장은 바로 디파이DeFi다. 디파이를 모르면 가상자산 시장의 최신 트렌드를 도저히 이해할 수 없다. 디파이는 도대체 뭘까? 탈중앙화Decentralized와 금융Finance의 합성어로 간단하게는 '탈중앙화 금융'이라고 표현한다. 탈중앙화 금융의 대표적인 서비스는 어떤 게 있을까? 은행과 같은 특정 기관의 중개를 거치지 않고 내가 가진 코인을 예금하고 그에 따른 이자를 받는 행위를 할 수 있고 반대로 누군가는 그 코인을 대출받아 이자를 지급하는 행위를 할 수 있는 중개 서비스가 대표적이다.

탈중앙화 금융 서비스란 용어에서 탈중앙화의 반대 개념인 중앙화부터 알아보자. 기존의 거래 방식은 중앙에 있는 은행이 모든 거래 내역을 가지고 있었다. 그래서 금융 시스템에서 은행이 중간 역할을 한다. A가 B에게 100만 원을 보낸 것을 증명해주는 건 중앙에 있는 은행이 가진 거래 내역이다. 이게 바로 중앙화다. 탈중앙화는 중앙화의 반대 개념이다. 거래의 중간에 껴 있는 제3자인 은행은 사라지고 대신에 분산화된 수많은 사람이 모두 거래 내역을 저장하고 증명한다. 예를 들어 한 네트워크에 10명이 있다면 A가 B에게 보낸 100만 원의 거래 내역을 10명 모두에게 보내서 각자 저장한다. 10명이 모두 거래 내역 정보를 공유하고 대조하기 때문에 위조나 변조가 거의 불가능하다. 이게 바로 '탈중앙화된 분산원장 저장 기술'에 대한 설명이다. 결국 탈중앙화는 블록체인의 핵심 개념이다. 블록체인을 최초로 활용했던 비트코인의 핵심 철학 또한 탈중앙화다.

여기서 짚고 넘어가야 할 단어가 바로 금융 서비스다. 금융 서비스란 예금, 대출, 투자 등의 업무를 처리해주는 서비스를 말한다. 금융 서비스는 원래 은행이나 증권사나 카드사를 통해서 이루어졌다. 그런데 어떻게 은행을 제치고 대출을 받을 수가 있을까? 아무리 탈중앙화가 유행이라지만 이게 가능할까? 가능하다. 그 이유는 스마트 계약 때문인데 말 그대로 똑똑한 계약이다. 스마트 계약이란 계약 조건을 블록체인에 기록하고 조건이 충족됐을 때 자동으로 계약이 실행되도록 하는 프로그램이다. 1세대 코인이 비트코인이라면 2세대 코인이 바로 스마트 계약에 특화된 이더리움이다. 그래서 현재 대부분의 디파이 서비스는 이더리움 블록체인을 활용하고 있다.

스마트 계약을 통해 금융 서비스의 대표 격인 대출을 진행한다고 가정해보자. 예를 들어 A가 B에게 1,000만 원을 빌리고 매월 50만 원의 원금과 1만 원의 이자를 20개월간 상환한다는 계약 조건을 블록체인에 기록했다면 어떻게 될까? A가 잠적하더라도 스마트 계약 시스템상 매월 A의 돈인 50만 원의 원금과 1만 원의 이자가 B에게 자동으로 입금이 되는 프로그램이다. 이런 원리로 은행이 하는 대출을 은행 없이 디파이로 대체할 수 있다. 그런데 여기서 하나 빠진 게 있다. 디파이는 법정화폐를 쓰지 않고 가상자산인 코인만 쓴다. 그래서 오직 가상자산인 코인을 활용한 금융 서비스만을 제공한다.

그렇다면 디파이 시장의 예치금 규모는 얼마나 될까? 2020년 1월의 디파이 시장 예치금 규모는 채 1조 원에도 못 미쳤다. 하지만 디앱레이더에 따르면 1년이 지난 2021년 3월에 예치금 규모는 약 55조 원(500억 달러)으로 무려 50배 이상 성장했다. 지금도 하루가 다르게 예치금은 증가하고 있다. 미국 코인베이스 거래소는 2021년 2월에 블로그를 통해 "디파이 사용자 수는 120만 명을 돌파했으며 유니스왑과 컴파운드 등의 플랫폼 사용자 수는 20만~50만 명에 이른다."라고 밝히기도 했다.

그렇다면 디파이 서비스를 통해 투자자들이 이득을 취하는 가장 흔한 방법 두 가지는 뭘까? 이것을 보통 이자 농사라고 표현하는데 첫 번째 이자 농사 방법은 내가 가진 코인을 예치해(스테이킹) 대출을 받거나 막대한 이자와 보상을 받는 서비스다. 두 번째 이자 농사 방법은 내가 가진 코인을 예치해 탈중앙화 거래소에 유동성을 공급해주고 막대한 이자와 보상을 받는 서비스다. 이 두 가지에 대해 간단히 알아보자.

내 코인을 예치하면 대출을 해주는 서비스

메이커다오

디파이는 메이커다오MakerDAO의 프로젝트에서 시작됐다고 볼 수 있다. 메이커다오는 내가 가지고 있는 코인(이더리움 등)을 예치하면 그 코인(토큰)을 담보로 중개자 없이 스마트 계약만을 통해 자체 스테이블코인인 다이DAI를 발행해주는 대출 서비스다. 한마디로 코인(토큰) 담보대출 서비스다. 코인을 계속 보유하고 싶은데 돈이 필요한 경우에 내가 가지고 있는 코인을 담보로 맡기고 돈을 빌리는 개념이라고 보면 된다. 이 빌린 돈은 다른 투자에 다시 활용할 수 있다.

현실 세계에서는 내가 담보물을 맡기면 법정화폐인 달러를 대출해 주겠지만 디파이 서비스는 가상자산만을 활용하기 때문에 달러와 거의 1 대 1의 가치를 가지는 다이를 달러 대신 대출해준다. 통상 담보 가치의 약 60%까지 다이를 발행할 수 있는데 담보 가치가 상승하면 추가 발행도 가능하다. 대신 담보 가치가 최소비율인 150% 이하로 하락하면 스마트 계약에서 정해진 대로 강제청산에 들어가 부채를 상환하는 구조다. 물론 담보로 제공되는 담보물인 코인의 가격 하락기에는 이자율도 하락하게 된다.

그렇다면 실질적으로 코인을 맡기고 다이를 대출받는 투자자들은 어떤 유형일까? 장기 보유 중인 이더리움 등을 활용해 이자를 받기 원하거나 대출을 통해 추가적인 투자를 원하는 투자자들이다. 이더리움을 담보로 대출받은 다이를 활용해 높은 이자를 받을 수 있는 다른 디파이 서비스에 투자할 수도 있고 추가로 코인에 투자해 코인의 보유물량을 늘릴 수도 있다.

돈을 빌리면 수수료를 내야 한다. 나중에 다이를 상환하면 자동으로 부채는 청산되고 다이는 소각되면서 수수료도 정산된다. 대출과 상환이 많아질수록 '안정화 수수료 토큰'이자 '거버넌스 토큰'인 메이커MKR의 가치도 높아지는 구조다.

컴파운드

컴파운드는 메이커다오와 유사한 코인 예치와 담보대출 플랫폼이다. 메어커다오 플랫폼이 디파이 서비스의 선구자 역할을 했다면 디파이 서비스를 본격적으로 활성화시킨 건 컴파운드 플랫폼 덕분이다. 컴파운드 플랫폼의 차별점은 이더뿐만 아니라 이더리움 기반의 여러 암호화폐(ERC-20 토큰)도 예치할 수 있다는 점이다. 컴파운드에 예치만 해도 높은 이자를 준다. 예치자산(이더리움과 다이 등)을 담보로 대출 서비스도 이용할 수 있다. 컴파운드는 은행처럼 예대 마진으로 수익이 발생한다.

다이를 예로 들면 컴파운드에서 다이의 예치이자는 15%이고 대출이자는 20%라고 가정해보자. A라는 사람은 다이를 15%에 예치하고 B라는 사람은 다이를 20%에 대출하면 중간에서 발생하는 5%의 차이를 컴파운드가 가져가는 구조다. 컴파운드에 코인(토큰)을 예치하면 c토큰이 발행되며 실시간으로 이자가 지급된다. 이자는 블록이 생성될 때마다 복리로 쌓이고 코인(토큰) 예치자는 이자를 받으면서 동시에 돈을 빌릴 수도 있다. 반대로 사용자가 원하는 시기에 c토큰을 반환하고 담보물로 예치한 본인의 코인(토큰)을 돌려받을 수 있다. 이 모든 과정은 스마트 계약을 통해 이뤄지며 이더리움 블록체인에 기록된다.

특히 메이커다오에서 발행한 스테이블코인인 다이를 담보로 예치했을 때의 보상이 좋아서 메이커다오에 본인의 이더리움을 담보로 예치해 다이를 대출받은 후 다시 컴파운드에 다이를 담보로 예치해 높은 이자를 받고 추가로 컴파운드의 거버넌스 토큰인 COMP를 채굴하는 방식이 큰 인기를 끌었다. COMP의 최대 발행물량은 1,000만 개로 제한되었기 때문에 2020년 6월에 COMP가 거래소에 상장되면서 COMP 가격이 폭등했다. 이로 인해 컴파운드에는 본인의 코인(토큰)을 맡기고 이자를 얻기 위한 목적보다는 COMP를 얻기 위해 코인(토큰)을 맡기려는 사람들이 몰려들었다. 투자 목적으로 COMP를 보유하려는 사람들이 확 늘어난 셈이다. 디파이 서비스 중에는 이런 식의 예금과 대출 서비스가 가장 흔하다고 보면 된다.

내 코인으로 탈중앙화 거래소에 유동성을 공급하는 서비스

유니스왑은 바이낸스 거래소 같은 제3자의 개입 없이 암호화폐를 전자지갑에 보유한 상태로 양자 간 거래가 자율적으로 이뤄지는 플랫폼이다. 이더리움 블록체인에서 운용되며 이더리움 지갑이 있다면 누구나 유니스왑을 통해 코인(토큰)을 교환할 수 있다. 그런데 양자 간에 1 대 1로 거래가 된다면 코인(토큰) 가격은 어떻게 결정이 될까?

주식매매나 코인매매를 직접 해본 독자들이라면 매매 주문창을 떠올려보자. 중앙집중형 거래소의 경우 매도를 원하는 사람들이 제시하는 가격과 매수를 원하는 사람들이 제시하는 가격들을 모아서 형성된 호가를 주문창에 표시한다. 그러면 거래가 성사될 수 있는 접점이 나오게 되고 그 가격에 거래가 체결된다. 그런데 매수자와 매도자가 극도로 적은 코스닥의 비인기 종목들이나 비인기 코인들의 경우는 어떻게 할까? 유동성이 현저히 부족하므로 당연히 거래가 잘 되지 않거나 매수자와 매도자 간의 가격 호가 차이가 크게 발생한다. 탈중앙화 거래소의 최대 단점 역시 마찬가지로 유동성이 크게 부족했다는 점이다.

유니스왑은 이 탈중앙화 거래소에 유동성을 제공하는 획기적인 모델을 개발해냈다. 덕분에 탈중앙화 거래소에서 거래를 원활하게 할 수 있는 환경이 구축됐다. 유니스왑에는 기존의 중앙화 거래소와 달리 호가가 표시된 창이 없다. 대신 유동성 부족 문제를 해결하기 위해 유동성 풀Liquidity Pool을 만들었다. 코인(토큰)을 보유한 사람이라면 누구나 다 공급자가 될 수 있는데 같은 가치(가격)의 코인 두 종류를 세트로 공급해야 한다.

예를 들면 현재 이더 가격이 10만 원이고 스테이블코인인 USD코인이 1,000원이라고 가정하자. 이 경우 공급자는 유동성 풀에 1 대 1 비율로 이더 1개와 USD코인 100개를 같이 넣어야 한다. 그렇게 많은 사람이 공급자로 참여해 유동성 풀에 이더 100개와 USD코인 1만 개가 같이 들어왔다고 가정하자. 하루 만에 이더리움 가치가 급등해서 사람들이 교환(스왑)을 통해 이더를 사려고 USD코인으로 교환해 이더를 가져가면 전체 유동성 풀에 이더는 50개로 줄고 USD코인은 2만 개로 늘어난다.

처음에 이더 1개를 교환하기 위해서는 USD코인 100개를 교환하면 됐다. 하지만 이제는 이더 1개를 얻기 위해서는 USD코인 200개를 교환해야 한다. 당연히 유동성 풀에 새로 공급자로 참여할 때도 이더 1개당 USD코인 200개를 넣어야 한다. 즉 유동성 풀에 들어와 있는 두 코인의 비율에 따라 가격이 결정되는 구조다. 이는 차익거래를 하는 프로그램들을 통해 수많은 바이낸스 같은 중앙화 거래소의 가격과도 연동된다.

그렇다면 이제 공급자가 아니라 유니스왑을 통해 코인을 거래하려는 사람은 어떻게 하면 될까? 만약 스테이블코인인 USD코인으로 이더를 사고 싶다면 개인 지갑에서 직접 1만 개의 USD코인을 유니스왑에 보낸 후 교환(스왑) 버튼을 누르면 그 비율에 해당하는 이더를 바로 내 개인 지갑으로 보내준다.

단지 유니스왑에 내 지갑을 연결하고 코인을 보내면 유동성 풀에 예치된 코인을 이용해 환율에 맞게 원하는 코인이 바로 교환이 돼 내 지갑으로 들어오는 것이다. 그래서 유니스왑을 '자동화된 유동성 공급 프로토콜'이라 부른다. 이와 같은 유동성 공급 방법을 자동시장 조성자AMM, Automated Market Maker라고 한다.

유니스왑은 부족한 유동성을 유동성 풀을 만들어서 해결했다. 이론적으로 유동성 풀에 많은 코인이 쌓여 있을수록 유니스왑은 탄탄해지고 리스크가 줄어들며 이익이 커진다. 그런데 공급자는 어떤 이득이 있길래 유동성 풀에 코인을 공급하는 것일까? 바로 스왑 거래 수수료 때문이다. 유니스왑에서 거래하면 일반적인 중앙화 거래소와 마찬가지로 거래수수료가 발생한다.

이 거래수수료가 어마어마하다. 2021년 3월에 조회해본 결과 유니스왑 풀에 이더 + USD코인을 한 세트로 예치하면 연간 수익률이 무려 40%가 넘는다. 이 수수료는 해당 코인 세트의 유동성 풀에 코인을 공급한 사람들이 사이좋게 나눠서 가져가게 된다.

내가 이더 + USD코인 풀에 참여했다면 누군가가 유니스왑 거래소에서 이더 + USD코인을 거래할 때마다 그만큼의 수수료를 참여 비중만큼 받게 되는 것이다. 그 외에 추가로 자체 토큰을 보상으로 주는 경우도 있다. 이런 유니스왑의 금융 서비스는 결국 디파이 서비스의 한 종류라고 볼 수 있다.

이제 가상자산 시장에서 잠깐 벗어나 현실 세계로 돌아와 보자. 은행 금리가 1%인데 저축은행 금리가 3%인 이유는 안정성의 차이다. 만약 이상한 금융기관에서 40%의 금리를 준다고 하면 당신은 선뜻 예금을 맡기겠는가? 뭔가 사기 같지 않은가? 지금 디파이 시장의 예치금 금리가 이런 느낌을 준다. 사기는 아니라도 뭔가 위험한 느낌이 들기도 한다.

실제로 2020년 4월에 디포스에서 약 300억 원(2,500만 달러) 규모의 가상자산을 도난당했고, 대표적인 디파이 서비스인 유니스왑도 약 3억 원을 도난당한 적이 있다. 2020년 9월에는 유니스왑을 하드

포크한 스시스왑의 개발자 셰프 노미Chef Nomi가 자신이 보유한 물량을 모두 이더리움으로 바꾼 사실이 알려졌다. 그러자 스시코인이 90% 이상 폭락하기도 했다.

이더리움의 창시자 비탈릭 부테린도 트위터에서 "고금리 디파이 상품은 본질적으로 단기 차익거래 성격이 강하다."라고 하며 무언의 리스크를 동반하고 있다고 지적한 바 있다. 게다가 디파이 서비스는 일반 사람들이 활용하기에는 불편한 점이 많다. 서비스를 활용하려면 먼저 내 비트코인을 디지털 지갑으로 옮겨야 하기 때문이다.

필자는 보유한 비트코인을 국내 A거래소에서 국내 B거래소로 옮기는 매우 간단한 작업을 진행하면서도 굉장히 스트레스를 받았다. 그런데 디파이 서비스로 유명한 곳들은 대부분 해외에서 서비스를 운영하고 있다. 이 책을 읽고 있는 독자들 대부분은 가상자산 시장의 얼리어댑터가 되고 싶은 생각은 없을 것이다. 물론 지금도 많은 전문적인 투자자들이 디파이 서비스를 활용해 고금리를 받으며 막대한 돈을 벌어들이고 있다. 하지만 그건 그들만의 리그라고 생각된다.

혹시 지금까지 읽어봤는데도 디파이의 기술적인 부분들이 이해가 안 된다면 당신은 매우 정상이다. 원래 가상자산의 기술적 개념들은 일반인들이 단번에 이해하기에는 난해하고 쉽지 않다. 그래서 활성화 속도가 느리다. 디파이를 모르면 가상자산 시장의 트렌드를 따라가기는 힘들지만 그래도 투자에는 전혀 문제가 없다. 왜냐면 우리는 시가총액 1위인 비트코인에만 투자할 거니까. 가상자산 시장이 커간다면 당연히 비트코인도 상승할 가능성이 크다.

필자는 디파이가 대중적으로 널리 쓰이는 날이 빨리 오지는 않을 것으로 예상한다. 가장 큰 이유는 사용자 관점에서 어렵고 낯설고 난해하기 때문이다. 그러니 디파이 서비스가 잘 이해되지 않는다고 해서 걱정할 이유는 전혀 없다.

5

디지털 자산을 대표하는
NFT가 뜨고 있다

디파이까지만 읽은 이 상황에서도 가상자산에 별 지식이 없는 독자들의 경우 이미 지쳤을 거라 생각된다. 그럼에도 NFT까지는 설명하고 넘어가야 하는 상황이 필자도 무척 안타깝다. "제가 NFT까지 알아야 합니까?" 물론 우리는 비트코인에만 투자할 거니까 몰라도 된다. 하지만 시장 트렌드를 이해하기 위해서는 살짝이라도 짚고 넘어가야 하기에 정말 가볍게만 다루어본다.

NFT Non Fungible Token(대체불가능토큰)는 비트코인처럼 블록체인 기술을 활용하는데 이더리움 토큰 기준인 ERC-721 등을 기반으로 생성된 것이 대부분이다. NFT는 각각의 디지털 자산에 별도의 고유한 인식 값을 부여한다. 그래서 NFT가 적용되면 전 세계에서 단 하나뿐인 디지털 자산으로 변신하게 된다. 주로 게임 아이템이나 디지털 그림같이 희소성 있는 자산을 블록체인상에서 토큰화할 때 쓰인다. 그래서 비트코인이나 이더리움 같은 일반적인 코인들과 달리 토큰(코인) 1개당 가치가 모두 다르다.

전 세계에서 단 하나만 존재하는 자산이라는데 현실 세계에서 그런 성격을 가진 게 뭐가 있을까? 가장 대표적인 게 바로 미술품이다. 파블로 피카소Pablo Picasso의 그림은 1만 점이 넘는 데 그 그림이 각각 다르다는 게 중요하다. 어떤 피카소의 그림을 구매하건 그 그림은 전 세계에서 유일한 단 하나의 그림이다. 그런데 우리는 피카소의 그림을 미술관에서 감상할 수 있고 심지어는 인터넷상에서도 자유롭게 감상할 수 있다. 하지만 실제 그림에 대한 권리는 원본을 구매한 소지자가 가지고 있다.

그렇다면 디지털 그림의 경우엔 어떨까? 만약 인터넷상에서 동일한 디지털 그림 100개가 복제돼 돌아다닌다면 그 그림의 실제 주인을 어떻게 식별할 수 있을까? 이걸 해결해주는 게 바로 진품 보증서 역할을 하는 NFT다. 2021년 3월에 뉴스메이커인 테슬라 CEO 일론 머스크가 또 한 건을 터뜨렸다. 이번엔 그의 아내이자 가수인 그라임스Grimes가 직접 만든 디지털 그림에 본인의 서명을 NFT로 암호화 적용을 하면서 화제를 모았다. 이 디지털 그림 10점을 온라인 경매에 부치자 순식간에 도합 64억 원(580만 달러)에 낙찰됐다.

「워 님프War Nymph」라는 제목의 이 디지털 그림 연작에는 화성을 수호하는 날개 달린 아기 천사 등 가상의 이미지에 자신의 노래를 배경으로 깔았다. 최근 테슬라를 통해 비트코인 1조 7,000억 원을 구매해 화제를 모았던 일론 머스크의 아내가 그린 그림이라 온라인 경매 참여자들에게 큰 관심을 받았다. 결국 비싼 가격에 낙찰됐다. 인기인의 유명세도 있겠지만 전 세계에서 단 하나만 존재한다는 희소성이 영향을 미친 것으로 보인다.

최근에 화제가 된 또 다른 작품은 디지털 아티스트로 유명한 비플Beeple의 10초짜리 비디오 작품인 「크로스로드Crossroad」다. 이 작품은 2020년 6월에 미국의 미술품 수집가인 파블로가 7,400만 원(6만 7,000달러)에 구매했던 작품이다. 그 후 1년도 안 된 2021년 2월에 다시 NFT 거래소에 내놨는데 무려 73억 원(660만 달러)에 낙찰돼 100배에 가까운 경이적인 수익을 실현했다. 재미있는 건 이 작품 역시 인터넷에서 누구나 무료로 감상이 가능하다. 누구나 감상할 수는 있지만 전 세계에서 단 한 명만 가질 수 있는 소유권에 엄청난 가격이 매겨진 셈이다.

그렇다면 NFT 거래소의 거래 규모는 얼마나 될까? 라틀리에L'Atelier의 보고서에 따르면 2019년의 NFT 시장의 총 거래액은 약 682억 원(6,200만 달러)에 불과했지만 2020년에는 2,750억 원(2억 5,000만 달러)으로 4배 이상 증가했다. 2021년에 들어서면서 거래대금은 더욱 폭발적으로 급증하고 있다는 점에 주목해보자. NFT는 주로 이더리움으로 거래되는 경우가 흔하다.

NFT는 디지털 미술품 시장에서만 인기가 있는 걸까? 그건 아니다. NFT의 활용 가치는 무궁무진하다. 대표적인 NFT 플랫폼으로는 NBA 톱샷NBA Top Shot, 크립토펑크CryptoPunks, 크립토키티CryptoKitties 등이 유명하다. 대퍼랩스가 개발한 NBA 톱샷은 미국 NBA 농구의 라이브 장면을 NFT 카드로 제작해 판매하는 스포츠 스타 카드 수집 게임이라고 보면 된다. NBA에서 활동하는 선수들의 다양한 디지털 카드에 엄청난 가치가 매겨져 거래되고 있다. 2021년 1월에 LA 레이커스의 르브론 제임스 카드가 5,200만 원(4만 7,500달러)에 판매되며 화제가 됐다. 도대체 이런 카드들이 왜 비쌀까? 팬 중에는 수집품에 아낌없이 돈을 쓰는 부자들이 존재하기 때문이다. 또 희소성이 높고 수집 가치도 있고 편리하게 거래할 수 있어 인기가 많다.

크립토펑크는 독특한 디자인의 캐릭터들을 판매하는 게임이다. 웹에 가보면 '이더리움 블록체인에 소유권이 증명된 10,000개의 고유한 수집용 캐릭터들이다.'라고 설명돼 있다. 웹에 올려진 캐릭터들의 평균 판매가격은 2021년 3월 기준으로 무려 1,800만 원(1만 6,350달러)이다. 슬프지만 필자는 나이를 너무 많이 먹었나 보다. 웹에서 캐릭터 몇 개를 둘러봤지만 왜 이렇게 못생긴(?) 캐릭터들이 몇천만 원씩에 거래되는지를 필자로서는 도저히 이해할 수 없었다. '희소성을 가진 사치품'에서 힌트를 찾을 수는 있겠다. 어쨌든 크립토펑크는 매우 잘 나가는 NFT 플랫폼 중의 하나다.

대퍼랩스가 개발한 크립토키티는 NFT 기술을 활용한 크립토 게임의 원조라 할 수 있다. 세상에서 단 하나뿐인 나만의 고양이를 키울 수 있게 하는 독특한 콘셉트다. 필자는 크립토펑크의 독특한 캐릭터들보다는 크립토키티의 귀여운 고양이 캐릭터가 더 마음에 든다. 하지만 2021년 2월에 약 10억 원에 판매된 바 있는 '크립토키티 드

래곤'의 놀라운 판매가격까지 귀엽게 생각하는 건 아니다. 이 시장은 필자 관점에서는 이해할 수 없는 완전히 다른 세상이다.

그밖에도 더샌드박스The Sandbox나 디센트럴랜드Decentraland 등의 NFT 플랫폼에서는 사이버상의 부동산을 매매하거나 빌딩과 놀이공원 등을 건설하고 운영해 수입을 얻는다. 이렇게 NFT 시장은 디지털 미술품, 스포츠 카드, 캐릭터, 게임, 엔터테인먼트 등 다양한 업계에서 모두 활용될 수 있어 관심이 급증하고 있다. NFT 덕분에 인터넷상에서도 명확한 소유권을 입증받을 수 있게 되면서 새로운 시장이 열리고 있는 것은 틀림없다. 코인마켓캡 기준으로 NFT 관련 시가총액 상위 코인은 세타, 엔진코인, 플로우, 더샌드박스, 디센트럴랜드 등이다.

그런데 2017년 암호화폐공개 열풍을 돌이켜 볼 때 엄청난 버블과 사기성 코인들의 난립으로 결국 대붕괴가 일어났던 과거의 교훈을 잊어서는 안된다. 필자가 이상한 게 아니라면 일반적인 상식선에서 몇천만 원에서 몇억 원에 거래되는 캐릭터 가격에는 거품이 있어 보인다. 예를 들어 피카소 그림은 1만 개 수준으로 딱 한정돼 있지만 그리 유명하지 않은 다른 작가들의 그림은 계속해서 시장에 공급되고 있다. 마찬가지로 누구에게나 인정받을 수 있는 소수의 게임 캐릭터나 희소성 있는 사치품의 가격은 계속 오를 수 있다. 하지만 비슷한 모방작품들이 계속해서 시장에 공급된다면 시장에서 인정받지 못하는 어설픈 캐릭터들의 가격은 과연 어떻게 될까?

만약 버블이 붕괴된다면 뒤늦게 뛰어든 투자자들은 큰 손실을 보게 될 것이다. 비트코인이 귀한 이유는 명확하게 발행량이 제한돼 있다는 점과 금을 대체할 수 있는 디지털 금의 지위를 확보한 아주 희소한 자산이기 때문이라는 사실을 잊지 말자.

터무니없는 버블은 우려되지만 필자는 산업적인 측면에서 NFT를 긍정적으로 본다. 우리나라는 막강한 한류에 비해 스타들의 수집품 시장 활성화가 너무 느리다. 물론 기존에는 수집품 판매시장을 국내에서만 찾았기 때문에 시장이 아주 작았다. 하지만 BTS를 보라. 이제 한류의 무대는 우리나라도 아니고 중국도 아니다. 전 세계다. 이에 걸맞게 한류 스타들의 수집품 시장도 커져야 한다. 글로벌 열혈팬 중에는 구매력 있는 부자들이 많다. 우리나라가 NFT를 통해 글로벌 시장에서 한류 스타들의 다양한 수집품 가격을 큰 폭으로 올릴 수 있는 장이 열린 셈이다. 한류 스타들을 활용한 수집품 가격의 경우 오히려 버블이 좀 생겨야 할 정도다. 여기서 기회를 잡아낸다면 우리의 엔터테인먼트 산업은 한 단계 더 도약하게 될 것이다.

7장

자산 포트폴리오의 5%는
비트코인을 담아라

1
금융기관의 고객 제안 포트폴리오에는
비트코인이 없다

왜 금융기관의 고객 제안 포트폴리오는 비트코인이 없을까?

매년 1월이 되면 주요 언론사에서는 새해의 포트폴리오 구성에 대해 제안한다. 금융기관별로도 마찬가지다. 잘 관찰해보면 흥미로운 내용이 보인다. 일단 증권사가 제안하는 포트폴리오에는 실물 부동산이 없다. 부동산 중개 권한이 없기 때문이다. 대신 부동산 리츠와 금을 권하는 경우가 많다.

증권사에 비트코인 중개 권한이 있을까? 당연히 없다. 그래서 주류

자산관리사가 제안하는 자산 포트폴리오 예시(2021년) (단위: %)

	주식	부동산 리츠	채권	금	현금성 자산
투자 비율	50	20	15	10	5

금융기관이 제안하는 고객 포트폴리오에는 비트코인이 투자대상에서 빠져 있다. 물론 비트코인 자체가 워낙 변동성이 높아서 조심하는 측면도 있지만 사실 더 큰 이유는 따로 있다.

제도권인 은행과 증권업 종사자들에게 비트코인은 금기어에 가깝다. 비트코인은 2021년 3월에 특정금융정보법이 도입되기 전까지 법적 성격이 애매한 자산이었다. 그리고 자금세탁방지법 때문에 비트코인에 투자할 목적으로 은행 계좌를 개설하는 건 상당히 까다로운 편이다. 대부분의 금융기관들이 2018년의 가상자산 광풍 때 리스크 관리 차원에서 내부 컴플라이언스 지침으로 고객들과의 가상자산 투자 상담 자체를 아예 금지해버렸다.

그래서 우리나라 사람들은 비트코인이나 가상자산에 대해 주류 금융기관에서 투자 상담을 받지 못한다. 그냥 본인의 개인적인 판단으로 가상자산거래소를 통해 매매하는 경우가 일반적이다. 대신 주류 금융기관들은 주로 펀드나 국내주식과 해외주식을 많이 권유하는 편이다.

개인 투자자의 주식투자 누적 금액(2020.1~2021.2)

	국내주식 순매수 금액	해외주식 순매수 금액	순매수 합계	기간
2020년	64조 원	22조 원	86조 원	1년
2021년 2월 말	36조 원	9조 원	45조 원	2개월
투자 합계	100조 원	31조 원	131조 원	1년 2개월

(출처: 세이브로, 증권사 홈트레이딩 시스템)

2020년에 개인 투자자들은 국내주식을 64조 원 순매수했고 해외주식도 22조 원을 순매수했다. 2021년에 들어서면서 개인들의 주식투자금액은 더욱 가파르게 증가해 2021년 2월 말까지 국내주식을 36조 원 순매수하고 해외주식을 9조 원 순매수해 2개월 만에 주식시장에 45조 원이 투자됐다. 불과 1년 2개월 만에 개인투자자들이 총 131조 원을 주식에 투자한 셈이다.

개인투자자들은 같은 기간 비트코인에 얼마나 투자했을까? 정확한 자료는 찾지 못했지만 131조 원의 10%에도 훨씬 못 미칠 것으로 추정된다. 물론 포트폴리오에 주식을 편입하는 건 상당히 현명한 투자전략이다. 하지만 투자자들이 비트코인이라는 좋은 투자 대안을 아예 제외하고 주식에만 편중되게 자산 배분을 하는 걸 보면 아쉽다는 생각이 든다. 이미 가상자산에 투자하고 있는 수백만 명의 투자자들도 분명히 존재한다. 그런데 이 가상자산 투자자 중에서 비트코인을 가진 사람은 몇 명이나 될지 무척 궁금하다.

인플레이션이 발생하면 손해 보는 건 누구일까?

인플레이션이 발생하면 누가 이득을 볼까? 대출이 많은 사람, 부동산 등 실물자산이 많은 사람이 이득을 본다. 그렇다면 누가 가장 손해를 볼까? 은행에 예금한 사람, 부동산 등 실물자산이 없는 사람들이 제일 큰 손해를 보게 된다. 세계 각국의 수많은 소시민들은 이번 코로나19 위기 극복을 위한 돈 풀기 정책으로 인해 언젠가 인플레이션을 겪게 될 것이고 결국 눈에 보이지 않는 큰 손해를 입게 될 것이다. 우리나라는 인플레이션으로 인한 자산 가치 하락 위험에서 벗어나고자 사람들이 경쟁적으로 부동산에 투자해 부동산 가격이 급등하기도 했다.

문제는 세금 정책이다. 부동산 가격은 폭등했지만 2주택자부터는 엄청난 보유세와 양도소득세로 인해 사실상 남는 게 별로 없다. 그래서 사람들은 투자를 다각화하기 위해 국내주식과 해외주식 투자에 뛰어들었다. 하지만 필자의 오랜 경험으로 볼 때 부동산 투자와 주식 투자는 결이 다르다. 뛰어난 지식과 선천적으로 타고난 주가 등락에 초연한 심성을 가지고 있지 않다면 주식투자로 큰 고통을 받게 될 수 있다. 그렇다면 대안은 뭘까? 당신의 포트폴리오에 비트코인을 추가하는 것이다. 물론 비트코인은 주식보다 훨씬 더 변동성이 심하다. 하지만 당신의 포트폴리오에 비트코인을 추가함으로써 당신은 상당히 흥미로운 포트폴리오 수익을 달성하게 될 가능성이 크다. 만약 당신이 부동산도 없고 주식도 없고 비트코인도 없다면 요즘 유행하는 말 그대로 벼락거지가 될 수도 있다.

인플레이션은 정말 발생할까? 세계 각국 정부가 엄청나게 찍어대는 화폐의 수량을 생각해본다면 선명하게 해답을 얻을 수 있을 것이다. 화폐 경제학의 대가인 밀턴 프리드먼Milton Friedman의 조언을 상기해보자. "인플레이션은 언제 어디서나 화폐적 현상입니다." 이제 이 모든 상황을 이해했다면 당장 행동하고 실천하자.

2

왜 글로벌 1등 헤지펀드들은
비트코인을 담고 있을까

왜 헤지펀드들이 포트폴리오에 비트코인을 담으려고 할까?

돈 냄새를 가장 잘 맡는 기관 투자자가 바로 헤지펀드다. 발 빠른 헤지펀드들은 진작에 비트코인을 포트폴리오에 담았다. 이제 비트코인의 전 세계적인 확산은 거스를 수 없는 대세가 됐다. 미국 월스트리트에 있는 퀀트 투자자들, 기관 투자자들, 연금펀드 매니저들이 허겁지겁 비트코인을 담기 시작하면 무슨 일이 일어날까? 뒤이어 유럽과 글로벌 기관 투자자들마저 비트코인을 허겁지겁 담기 시작하면 무슨 일이 일어날까?

2024년의 반감기나 2028년의 반감기에 발생할 수요의 상당 부분이 앞으로 당겨질 수도 있다. 이 경우 비트코인의 가격은 2021년 말에 이미 일반적인 목표가인 2억 원을 넘어서 단숨에 투기적으로 3억 원이나 5억 원까지 오를 수도 있다는 뜻이다. 미래의 반감기가 현재의 비트코인 가격에 선반영될 수 있기 때문이다. 가상자산 시장에서 독보적인 1등은 비트코인이다. 1등과의 격차는 상당하지만 그 외에는 적수가 없는 독보적인 2등이 이더리움이다.

2018년 1차 가상자산 대폭등기에는 비트코인 점유율이 한때 40% 밑으로 곤두박질치며 수백 개의 코인이 모두 투기적으로 상승했다. 이런 상승이 가능했던 것은 첫 번째로 가상자산 전체의 시가총액이 작았고 두 번째로 개인들의 투기적인 매수세가 강력했기 때문이다. 마치 과거의 튤립 버블이나 우리나라의 우선주 버블처럼 말이다.

2021년의 시장 상황은 어떨까? 주도권이 개인에서 헤지펀드들을 중심으로 하는 기관 투자자들에게 이미 넘어가 있는 상태다. 시장은 비트코인만이 금을 대체할 수 있는 세계 유일한 가치 저장 수단이자 디지털 금이라고 평가하고 있다. 시가총액 2위인 이더리움은 가상자산 시장에서 압도적인 플랫폼 역할을 하고 있어 시장이 성장할수록 이더리움도 같이 성장할 거라고 평가하고 있다. 이 두 개의 가상자산이 기관 투자자들이 투자할 만한 시가총액 사이즈라 할 수 있다. 기관 투자자 자금의 약 80%가 비트코인, 약 15%가 이더리움에 투자된 것으로 추정하는 보고자료도 있다.

비트코인의 기술력은 어느 수준일까? 군이 따질 필요가 없다. 비트코인은 이미 유일한 가치 저장 수단으로 인정받고 있어 다른 가상자산들과의 기술경쟁이 군이 필요 없다는 게 필자의 생각이다. 하지만 이더리움은 이더리움 2.0으로의 업그레이드를 위해 끊임없이 새로운 기술을 개발하고 있다. 이더리움을 뛰어넘는 기술력을 가진 가상자산 후보는 없는 것일까? 물론 있다. 하지만 이더리움 역시 네트워크 효과를 통해 글로벌 시장에서 충분히 많은 사용자 수를 확보하고 있다. 그래서 기술적으로 이더리움보다 더 뛰어난 가상자산이 개발될 수는 있겠지만 사용자 수 확보에서 이더리움을 뛰어넘기는 어려울 것이다. 이는 시장에서 평가되는 시가총액 순위로 이미 입증되고 있다.

당신이 글로벌에서 유명한 헤지펀드 매니저라고 가정해보자. 당신은 가상자산 중 투자할 수 있는 코인 1등부터 100등까지를 선택지로 받았다. 가상자산 자체는 아직 시장에서 주류 투자로 인정받지 못하고 상당히 위험한 틈새 투자로 인식되고 있다. 헤지펀드들은 본인들의 포트폴리오에 대체투자라는 명목으로 1~3% 정도만 모험적으로 가상자산을 편입하고 있다.

이런 상황에서 만약 당신이 헤지펀드 매니저라면 고수익을 위해 100등짜리 가상자산을 펀드에 편입하겠는가? 아니면 전 세계에서 누구나 다 알고 있는 비트코인을 편입하겠는가? 우리나라도 투자 기간을 5년으로 늘려보면 특정한 일부 기간에서는 1등 기업인 삼성전자보다 적자투성이인 코스닥의 부실기업 주가 상승률이 훨씬 높았던 구간이 있다. 며칠간 연속으로 상한가를 치는 경우도 있다. 그러나 딱 거기까지다. 장기적으로 코스닥의 부실기업은 절대 삼성전자를 뛰어넘을 수 없다. 오랜 시간이 지나면 누가 수영복 없이 수영하고 있는지 알 수 있다.

여전히 수많은 개인 투자자들이 단기적인 고수익을 노리며 시가총액 상위 1등과 2등인 비트코인과 이더리움을 외면하고 시가총액 100위권을 벗어나는 중소형 코인들에 투기적으로 매매하고 있다. 단기적인 성과는 좋을지 모르겠으나 장기적으로는 좋은 전략이 아니라는 점을 꼭 강조하고 싶다. 물론 이런 사람들 중에도 100배의 수익을 올리는 경우가 종종 나온다. 하지만 번개를 두 번 맞을 확률이라는 로또를 사도 매주 20명이 당첨된다는 사실을 명심하자. 운에 기대기보다는 상식에 기반해서 투자해야 오래갈 수 있다.

3

비트코인 대 주식과 부동산의
수익률을 비교해보자

전통적인 투자자산인 주식과 부동산 대 비트코인의 수익률을 한 번 비교해보자. 필자는 전작인 『인공지능 시대 1등 해외주식에 투자하라』에서 글로벌 1등 국가와 글로벌 1등 주식에 투자하는 전략을 추천해왔다. 세계에서 1등 국가는 미국이고 2등 국가는 중국이다. 그러니 미국에서 1, 2등 하는 기업, 중국에서 1, 2등 하는 기업, 한국

미국의 애플과 마이크로소프트의 최근 10년 수익률

	애플	마이크로소프트	나스닥 지수	미국 부동산(실러 지수)
2010년 말	10달러	23달러	2,653포인트	143포인트
2020년 말	132달러	222달러	12,888포인트	242포인트
누적 수익률	1,220%	865%	386%	69%

에서 1, 2등 하는 기업들을 추려서 과거 10년간의 수익률을 한번 따져보자.

미국 증시에서 1등 순위 다툼은 매우 치열하다. 2020년 말 기준으로 1등 애플, 2등 마이크로소프트를 골라냈지만 순위가 또 언제 바뀔지 모른다. 어쨌든 미국을 대표하는 애플과 마이크로소프트는 지난 10년간 어느 시점에서 투자를 시작했던 상관 없이 투자자들을 한 번도 실망시킨 적이 없다. 애플의 1,220%와 마이크로소프트의 865%라는 경이적인 수익률을 보면 왜 진작에 이 주식들을 사지 않았는지 후회될 것이다.

중국의 텐센트와 알리바바의 최근 10년 수익률

	텐센트	알리바바	상하이 지수
2010년 말	36홍콩달러	95달러	2,808포인트
2020년 말	564홍콩달러	233달러	3,414포인트
누적 수익률	1,466%	145%	22%

(알리바바는 2014년 9월에 상장됨)

중국 증시 또한 1등 순위 다툼이 매우 치열하다. 2020년 말 기준으로 1등 텐센트, 2등 알리바바를 골라냈지만 순위가 또 언제 바뀔지 모른다. 어쨌든 중국 1등인 텐센트의 1,466%라는 경이적인 수익률을 보면 왜 진작에 이 주식을 사지 않았는지 후회가 될 것이다.

국내 증시의 경우 미국이나 중국과는 느낌이 다르다. 1등인 삼성전자의 수익률은 326%로 높은 편이긴 하다. 하지만 미국 1등과 중

한국의 삼성전자, SK하이닉스, 서울 부동산의 최근 10년 수익률

	삼성전자	SK하이닉스	코스피 지수	서울 부동산
2010년 말	19,000원	24,000원	2,051포인트	82.2포인트
2020년 말	81,000원	118,500원	2,873포인트	157.5포인트
누적 수익률	326%	394%	40%	92%

국 1등 주식의 수익률이 1,000%가 훌쩍 넘는 것에 비하면 많이 부족해 보인다. 시가총액 2위인 SK하이닉스의 수익률은 394%로 삼성전자보다 조금 더 높다. 서울 부동산은 92%의 수익률로 코스피 지수를 2배 이상 압도했다. 그렇다면 앞으로는 국내 증시가 미국이나 중국을 뛰어넘을 수 있을까? 필자는 회의적이다. 미국 주식들의 경우 사실상 글로벌 전체에서 매출이 일어난다. 하지만 우리는 삼성전자 등 일부 핵심 기업을 제외하고는 글로벌 1등을 차지하는 기업들이 거의 없다.

중국 기업들의 경우 글로벌 1등은 아니라도 14억 인구수를 보유한 중국 내에서만 1등을 해도 엄청난 매출이 발생할 수 있다는 점에서 인구수가 5,000만 명에 불과한 우리와 시장규모 자체가 다르다. 필자의 결론은 주식에 투자할 거라면 우리나라보다는 미국과 중국에 투자하는 게 여전히 유효하다고 생각된다.

1등 기업들의 상승률은 지수 상승률보다 높다

여기서 필자가 제일 강조하고 싶은 내용은 각 나라의 1등 기업들이 종합지수 상승률보다 훨씬 더 높은 상승률을 보였다는 사실이다. 미국 1등 기업 애플은 나스닥 지수보다 3배 이상 상승했으며 중국 1등 기업 텐센트는 상하이 지수보다 60배 이상 상승했다. 가장 부진했던 우리 1등 기업 삼성전자마저도 코스피 지수 상승률보다 8배 이상 더 상승했다.

분명히 과거 10년간 애플, 텐센트, 삼성전자보다 훨씬 뛰어난 수익률을 보인 혜성같이 나타난 수많은 중소형 주식들이 있었을 것이다. 하지만 최소한 각 나라의 1등 주식에 투자하면 종합지수보다는 훨씬 더 높은 수익률을 거둘 수 있다. 게다가 심리적으로도 상당히 편안한 투자를 할 수 있게 된다. 가상자산 시장 역시 마찬가지다. 앞으로 짧게는 5년, 길게는 10년 동안 혜성같이 나타날 수많은 가상자산(코인)의 수익률이 시가총액 1등인 비트코인의 수익률을 뛰어넘을 것이다. 그럼에도 만약 당신이 시가총액 1등인 비트코인에 투자한다면 심리적으로 상당히 편안하게 가상자산 시장의 평균 수익률보다 월등히 높은 수익률을 얻을 가능성이 크다.

4

5년 후를 보고 자산을 배분하고
비트코인을 담아라

비트코인은 사이버 세계의 맨해튼 부동산이다

비트코인은 사이버 세계에서 미국의 맨해튼 부동산같이 희소성이 있는 초우량 자산이다. 이 부동산을 일찍 산 사람과 늦게 산 사람의 수익률은 매우 다를 것이다. 물론 지금 너무 늦은 게 아닌가 생각할 수 있다. 하지만 비트코인은 2,100만 개밖에 발행되지 않는다. 심지어 비트코인을 비밀번호 분실이나 디지털 지갑 분실로 날려버린 수량이 무려 400만 개다. 그러니 실제 사용 가능한 비트코인은 1,700만 개에 불과하다. 이 얼마나 희소한 자산인가?

전 세계 인구수는 77억 명이다. 이 중 인터넷 사용 가능 인구는 47억 명이다. 이 중에서 페이스북 서비스인 페이스북, 인스타그램, 왓츠앱 등을 이용하는 사람은 30억 명이 넘는다. 비트코인을 살 수 있는 인프라는 이미 전 세계에 구축돼 있다. 사람들의 생각만 바뀌면 언제든 누구든 구매가 가능하다는 뜻이다. 현재 가상자산을 보유하고 있는 인구수는 얼마나 될까? 크립토닷컴이 발표한 보고서에 따르면 2021년 1월에 1억 600만 명을 돌파했다. 보고서는 비트코인 보유자를 7,100만 명, 이더리움 보유자를 1,400만 명으로 추정하고 있다. 독자들이 이 책을 읽고 있을 시기는 2021년 상반기일 것이다. 아직 비트코인 보유자가 채 1억 5,000만 명도 되지 않았을 때란 뜻이다.

필자는 궁극적으로 비트코인 보유자 수가 페이스북 이용자 수인 30억 명 수준으로 증가할 것으로 예상한다. 현재 보유자 수의 30배 이상 증가 여력이 있다고 본다. 만약 당신이 2,100만 개의 비트코인 중 1개를 가지고 있다면 전 세계 77억 명의 인구수 기준으로 상위 0.3% 안에 들어가게 된다. 그래서 당신이 지금 1억 5,000만 번째로 비트코인을 매수한다 해도 결코 너무 늦은 건 아니다. 오히려 빠른 편이다. 매수 속도를 계산해보면 무려 상위 5%에 해당한다. 당신 뒤에는 아직도 최소 28억 5,000만 명이 남아 있을 것이다. 부디 당신이 30억 번째로 비트코인을 매수하는 일만은 없기를 바랄 뿐이다. 독자들은 10년 뒤인 2030년에 오늘을 돌아보며 과연 무슨 생각을 할까?

강남 아파트가 과거에 100만 원 하던 시절이 있었다. 그게 10억이 됐다고 해서 비싸다고 안 산 사람은 나중에 100억 원을 목격하게 될지도 모른다. 비트코인 역시 그렇게 될 가능성이 크다. 미국 연준이 달러를 마구 발행하며 도와줄 것이기 때문이다. 비트코인의 구매력은 가만히 있어도 계속 상승할 것이다.

필자의 전작인 『인공지능 시대 1등 해외주식에 투자하라』에는 글로벌 1등 주식 13종목에 대한 정보가 담겨 있다. 어떤 사람이 "1등 주식이 좋은 건 누구나 다 아는 사실 아니냐? 그런 뻔한 얘기를 왜 하는 겁니까?" 하고 항의한 적이 있었다. 하지만 이렇게 항의하는 사람들일수록 실제로 글로벌 1등 주식을 매수해서 가지고 있는 경우는 없다. 그냥 많이 들어봤을 뿐 실제로 1등 주식에 돈을 투자해서 수익을 내는 단계까지는 해볼 자신이 없거나 확신이 없기 때문이다.

왜 확신이 없을까? 어떤 주식에 대해 많이 들어본 것과 실제로 그 주식에 대해 진짜로 아는 것은 아주 다르다. 많이 들어본 주식이라 마치 스스로가 그 주식에 대해 잘 아는 것처럼 착각하지만 여전히 그 1등 주식에 대해 돈을 투자할 정도의 믿음은 없다. 어설픈 지식만 있어서 내가 투자만 안 할 뿐이지 언제든 투자하면 돈을 벌 수 있다는 착각에 빠져 있다. 상상만으로는 돈을 벌 수 없다. 공부해보고 확신이 들면 바로 행동으로 옮겨야 돈을 벌 수 있다.

비트코인은 공급 제한과 수요 폭증으로 급등할 가능성이 크다

필자가 재테크 관련 상담을 오랫동안 진행해본 결과 사람들이 크게 세 종류로 분류되었다. 첫 번째는 모르는 분야에는 절대 투자하지 않는 사람이다. 두 번째는 잘 모르면서 도박같이 한 방을 노리고 큰 금액을 투자하는 사람이다. 세 번째는 잘 모르지만 가능성을 보고 자산의 일부를 투자하는 사람이다. 그중 가장 돈을 많이 버는 사람은 누구일까? 바로 세 번째다. 첫 번째는 아무리 좋은 기회가 와도 그 기회를 잡지 못한다. 두 번째는 대박이 나거나 쪽박을 차게 되는데 이런 식으로 계속 투자하면 인생에서 한 번은 망하게 돼 있다. 반면에 세 번째는 잘은 모르지만 가능성 있는 10개에 투자하여 7개는 휴지가 되더라도 나머지 3개가 10~100배의 수익률로 보답해주기 때문에 돈을 가장 많이 벌게 된다.

비트코인은 장기적으로 공급 제한과 수요 폭증으로 인해 급등할 가능성이 크다. 여기에 인류의 본성인 투기성까지 더해진다면 그 가격 상승은 우리의 상상을 초월하게 된다. 게다가 과거의 다른 버블들과 달리 비트코인은 전 세계인이 투기에 가담할 수 있다. 그 상승의 끝이 어디일지는 감히 예측하기 어렵다. 내가 비트코인을 자산의 5% 수준만 편입하라고 제안하는 건 불확실성과 극심한 변동성 때문이다. 여전히 비트코인이 궁극적으로 0원이 될 것으로 생각하는 사람들도 많다. 0원이 될 수도 있다는 극단적인 위험성까지 고려한다면 10억 자산가 기준으로 5%인 5,000만 원을 편입한 포트폴리오가 제일 편안하다. 1%인 1,000만 원은 폭등해도 체감수익이 미미하고 10%인 1억 원은 급락했을 때 상당히 스트레스가 크다. 게다가 비트코인은 24시간 거래된다. 돈을 벌려다가 훨씬 소중한 건강을 해치게 된다. 1%보다는 폭등했을 때 의미 있고 10%보다는 폭락했을 때 편안한 5% 편입을 추천한다.

부동산에 70%, 미국 나스닥 ETF에 25%, 비트코인에 5%로 자산 배분한 포트폴리오의 과거 수익률을 살펴보자. 우리나라 사람들의 평균 부동산 투자 비중은 70%다. 증권사나 금융회사에서는 부동산

10억원 포트폴리오 구성시 비트코인 5%를 편입한 과거수익률(최근 5년)

	서울 아파트 (70%)	상승률 (%)	미국 나스닥 (25%)	상승률 (%)	비트코인 (5%)	상승률 (%)
투자 원금	7억 원	–	2억 5,000만 원	–	5,000만 원	–
2016년	7억 5,000만 원	7	2억 6,900만 원	8	1억 1,100만 원	124
2017년	8억 2,000만 원	10	3억 4,500만 원	28	16억 4,200만 원	1,368
2018년	9억 6,500만 원	18	3억 3,100만 원	△4	4억 3,400만 원	△74
2019년	10억 5,300만 원	9	4억 4,800만 원	35	8억 3,400만 원	92
2020년	12억 8,200만 원	22	6억 4,300만 원	44	33억 6,400만 원	303
5년 누적	12억 8,200만 원	83	6억 4,300만 원	157	33억 6,400만 원	6,629

(투자 기간을 2016년 1월 1일부터 2020년 12월 31일까지로 가정함)

비중 70%가 너무 높다고 주장한다. 하지만 필자는 그렇게 생각하지 않는다. 부동산 비중 70%는 우리나라의 특수성을 고려할 때 매우 합리적인 자산 배분이다. 주식투자는 국내와 해외가 있지만 계산의 편의상 가장 수익률이 높았던 미국 나스닥 ETF에 25%를 투자하는 것으로 가정했다. 마지막으로 가장 중요한 비트코인에 5% 비중으로 투자한다고 가정해 포트폴리오를 100% 완성해보았다. 과거의 5년 안에는 비트코인의 대폭락 시기도 포함돼 있으므로 의미 있는 시뮬레이션이 될 것이다.

만약 당신이 10억 원을 가지고 5년 전에 이렇게 투자했다면 자산이 52억 원으로 늘어나게 됐을 것이다. 당신은 5년 만에 42억 원을 벌어 유유히 은퇴했을지도 모른다. 여기서 가장 재미있는 건 바로 비트코인의 수익률이다. 2018년에 −74%라는 무시무시한 폭락이 있었음에도 5년 누적 수익률은 무려 6,629%에 달한다. 전체 자산에서 비트코인의 비중은 처음에는 5%였지만 5년이 지난 후에는 무려 64%로 늘어나게 된다. 그렇다고 서울 아파트와 미국 나스닥 상장지수펀드가 놀고 있었던 건 아니다. 이 자산들도 5년간 각각 83%와 157%라는 상당히 만족스러운 수익률을 보여왔다.

그런데 만약 비트코인이 0원이 됐다면 수익률은 어떻게 변할까? 비트코인에 투자한 5,000만 원을 다 날렸더라도 평가금액은 19억 원으로 5년 전보다 9억 원이 상승했다. 당신은 비트코인에 올인할 필요가 전혀 없다. 감당할 수 있는 수준인 자산의 5%만 투자해도 이렇게 놀라운 결과를 만들어낼 수 있다. 위험은 생각보다 크지 않고 기대수익은 어마어마하게 커진다. 이게 바로 포트폴리오의 힘이다. 절대 올인하지 말고 분산투자해야 한다.

이제 앞으로 5년 뒤를 예상해보자. 다시 동일한 비중으로 포트폴리오를 만들어 투자한다면 최악의 경우 비트코인이 허공으로 사라져 0원이 된다 해도 당신의 재산 중 고작 5%가 사라질 뿐이다. 하지만

주요 기관들의 비트코인 장기 목표가(2021년 3월 15일)

	목표가격(달러)	목표가격(원화)	현재가격	목표수익률
씨티은행	318,000달러	3억 4,980만 원	7,000만 원	400%
아크 인베스트먼트	500,000달러	5억 5,000만 원	7,000만 원	686%
구겐하임 파트너스	600,000달러	6억 6,000만 원	7,000만 원	843%

(환율 1,100원 환산)

과거 5년간 비트코인 상승분의 10분이 1만 상승한다 해도 당신의 포트폴리오 수익률은 놀라울 정도로 훌륭해질 것이다. 이제 결정하자. 당신은 비트코인을 당신의 포트폴리오에 넣을 것인가? 말 것인가?

5

비트코인 투자자는
변동성의 무게를 견뎌야 한다

　드디어 당신이 비트코인을 구매했다고 가정해보자. 이게 끝은 아
니다. 당신은 변동성이라는 무시무시한 괴물에게 괴롭힘을 당하게
될 것이다. 이제부터 테슬라 주식의 엄청난 변동성 역사를 통해 당신
이 비트코인을 끝까지 들고 갈 수 있는지를 테스트해 보자. 비트코인
의 왕관을 쓰려는 자는 변동성의 무게를 견뎌내야 한다.

테슬라 주식으로 대박?
유리 멘탈 투자자의 꿈은 바스락 부서졌다

　저세상 주식으로 유명한 테슬라는 2020년 한 해 동안에만 무려
743% 폭등했다. 범위를 좀 더 넓혀 3년 전인 2018년 초에 테슬라를
샀다면 2020년 말까지 4년간의 수익률은 무려 1,000%다. 64달러였

던 테슬라가 705달러까지 폭등했기 때문이다. 그래서 많은 사람들이 테슬라 주식을 못 샀다며 굉장히 아쉬워한다. 그런데 만약 당신이 테슬라 주식을 샀다면 정말로 1,000%의 수익을 누릴 수 있었을까?

테스트를 해보자. 타임머신을 타고 2018년 1월 1일로 돌아가 당신이 테슬라 주식 1억 원을 샀다면 3년 만에 10억 원이 됐을 것이다. 그런데 당신이 이 주식을 3년 뒤인 2021년 1월 1일까지 보유하고 있을 확률이 과연 얼마나 될까? 당신은 테슬라가 몇 % 상승했을 때 매도를 결정했을까? 50%? 100%? 200%? 300%? 설마 1,000%까지도 안 팔았을 거라고 주장하고 싶은가? 가슴에 손을 얹고 솔직히 다시 한 번 생각해보자. 필자는 당신의 주장을 믿을 수 없다.

오랜 시간 동안 특정 종목을 매도하지 않고 장기 투자하는 사람들은 특징이 있다. 바로 해당 종목에 대한 깊이 있는 지식과 강력한 믿음이다. 믿음이 없다면 주식이 10배 상승할 때까지 매도하지 않고 계속 보유하는 건 불가능하다. 만약 독자들이 테슬라에 대한 사전지식과 믿음이 없다면 절대 기다릴 수 없었을 것이다. 왜냐고? 테슬라의 변동성은 정말 어마어마했기 때문이다. 특히나 2018년은 테슬라의 수난 시대였다.

2018년 3월 자율주행 기능이 탑재된 테슬라 모델X가 고속도로에서 교통사고를 냈다. 운전자는 사망했고 차량은 폭발해 화재가 발생했다. 국제신용평가사 무디스는 테슬라의 신용등급을 B3로 한 단계 강등했다. 헤지펀드 빌라스 캐피털매니지먼트 CEO 존 톰슨John Thompson은 "테슬라는 수익을 내야 하는 기업이지만 그런 기대를 걸 수 없다. 일론 머스크가 마법을 부리지 않는 한 4개월 이내에 파산할 것이다.”라고 전망했다.

그러자 바로 일론 머스크는 2018년 4월 1일에 파산을 선언했다. 그는 자신의 트위터를 통해 “몇 시간 안에 중요한 뉴스를 발표할 것이다.”라고 밝히고 곧 “최후의 수단으로 부활절 계란을 대량 판매하며 자금 마련을 위해 노력했지만 결국 파산에 이르렀다.”라는 글을 올렸다. 이것은 만우절 농담이었다. 하지만 만약 당신이 테슬라 주식을 가지고 있었다면 과연 기분이 어땠을까?

2018년 8월에는 일론 머스크가 트위터에 “테슬라를 주당 420달러에 인수해 비상장 회사로 만드는 것을 검토하고 있다. 자금은 확보돼 있다.”라고 밝혔다. 전일 주가 344달러 대비 22%의 프리미엄을 붙여 매수하겠다는 구상이라 발표 이후 바로 11% 폭등했다.

하지만 머스크가 자금원이라고 밝힌 사우디아라비아 국부펀드는 테슬라에 투자하지 않았고 시장에서는 머스크의 주가 조작 논란이 불거졌다. 결국 증권거래위원회가 증권사기 혐의로 일론 머스크를 고소했다. 당시 일론 머스크는 합의를 통해 벌금 220억 원(2,000만 달러)를 내고 이사회 의장직에서 물러났고 테슬라 주가는 14% 급락해 시가총액 8조 원이 사라지기도 했다.

2018년 9월에는 일론 머스크가 코미디언 조 로건Joe Rogan의 인터넷 방송에 출연했을 때 로건에게 마리화나를 섞은 담배를 건네 받았다. 머스크는 “음, 이거 합법적인 거 맞죠?” 라고 물은 뒤 거의 피워본 적이 없다며 몇 모금 피워댔고 위스키도 마셨다. 테슬라 공장이 있는

캘리포니아주는 마리화나가 합법이었지만 인터넷 방송에서 공공연하게 마리화나를 피우는 모습은 주주들을 경악시키기에 충분했다.

자, 이제 다시 질문한다. 당신은 정말로 이 수많은 노이즈들을 다 이겨내고 2020년 말까지 테슬라 주식을 보유할 수 있었을까? 테슬라에 대한 지식과 믿음이 없는 유리 멘탈 투자자라면 신용등급은 떨어지고 4개월 이내에 부도가 날지도 모르고 CEO가 스스로 상장폐지하겠다고 트위터에 올리고 그 일로 증권거래법 위반으로 벌금과 함께 이사회 의장 자리에서 물러났고 방송에서 마리화나까지 피워대는 CEO가 있는 테슬라 주식을 계속 가지고 있는 게 과연 가능할까?

왜 전기차 투자 수익률이 420%가 아니라 35%일까

변동성에 대한 필자의 경험을 얘기해보겠다. 필자는 5년 전인 2016년 8월에 중국 전기차 시장의 성장 가능성을 확신하고 중국의 대표 전기차 기업인 비야디BYD에 1,000만 원을 투자했다. 매수단가는 약 52홍콩달러였다. 필자가 매수한 후 잠깐 올랐던 주가는 그 뒤 무려 3년 이상 지지부진했다. 급기야 2020년 3월에는 33홍콩달러까지 폭락해 무려 마이너스 36%의 부진한 수익률을 기록했다. 필자는 스스로를 탓하며 3년 동안의 기회비용을 안타까워했다. 그런데 그 뒤 비야디가 급반등하며 2020년 7월에는 감사하게도 70홍콩달러까지 상승해 35%의 평가수익이 발생했다. 당연히 필자는 엄청난 마이너스가 플러스 된 것에 매우 감사하며 35%의 수익을 보고 전량 매도했다. 여기까지는 평범한 스토리다.

하지만 비야디는 그 뒤 상승에 상승을 거듭해 6개월 뒤인 2021년 1월에 무려 270홍콩달러까지 폭등했다. 만약 필자가 6개월을 더 버텼다면 수익률은 420%로 폭등했을 것이다. 필자는 왜 매도했던 걸까? 3년 이상의 부진한 수익률을 겪으면서 해당 종목에 대한 믿음이 사라졌기 때문이다. 필자는 전기차의 무한한 가능성을 무려 5년 전에 알아봤음에도 불구하고 고작 35%의 평범한 수익률에 그쳤다. 독자들이라면 과연 어땠을까?

어떻게 제이슨 드볼트는 39세에 은퇴했을까?

아마존에서 소프트웨어 엔지니어로 일하는 제이슨 드볼트Jason De-Bolt는 2021년 1월 8일 자신의 트위터 계정에 '39세에 은퇴한다.'라는 글을 남겨 화제가 됐다. 이날은 테슬라 주식이 주당 880달러(약 97만 원)를 기록한 날이다. 그는 "지난 2013년 테슬라 주주가 됐습니다."라고 자신을 소개했다. 테슬라 모델S를 구입하고 테슬라 공장을 견학하면서 처음으로 주식을 사게 됐고 지속적인 매입으로 현재 약 1만 5,000주를 가지고 있다. 그가 보유한 테슬라 주식 평가금액은 트위터에 올린 2021년 1월 8일 기준으로 약 130억 원(1,194만 달러)이다.

필자가 보기에 이 사람은 강철 멘탈이다. 2018년의 그 끔찍한 뉴스들을 온몸으로 모두 받아내며 버텼다. 주식 평가금액이 10억씩 늘어날 때마다 얼마나 매도하고 싶었을지 눈에 선하다. 이 모든 악재와 유혹을 이겨내다니 정말 대단한 사람이다. 하지만 누구나 이렇게 할 수 있는 건 아니다. 어쨌든 이 소식으로 그는 전 세계 직장인들의 부러움을 사고 있다. 미국에서는 테슬라 주가 상승으로 테슬라와 백만장자라는 뜻의 밀리어네어를 합친 '테슬라네어'라는 신조어가 생겼다.

다시 비트코인으로 돌아와 보자. 먼저 명확히 하자면 필자는 테슬라와 비야디 주식의 과거 변동성을 확인해봤을 뿐이다. 필자가 테슬라와 비야디의 매수를 추천했다고 오해하면 곤란하다. 비트코인의 변동성은 테슬라와 비야디와는 비교할 수 없을 정도로 더 심각하다. 갑자기 미국 정부가 비트코인을 없애버리겠다고 발표하면 비트코인은 24시간 만에 70% 폭락할 수도 있다. 당신은 어쩌면 새벽 2시에 깨어나 비트코인 시세를 확인하고 있을지도 모른다. 하지만 버텨내라. 비트코인의 왕관을 쓰려는 자는 변동성의 무게를 견뎌내야 한다. 당신도 '비트코인네어'가 될 수 있다. 비트코인을 매수했다면 이제부터는 변동성의 무게를 견뎌내야 한다.

6

비트코인 투자자는
세금을 얼마나 내야 할까

비트코인 수익에 대한 각국의 세금 정책을 알아보자

비트코인에 대한 각 국가의 세금정책은 각양각색이다. 하지만 상당수의 국가가 세금 부과를 원칙으로 하고 있다. 우리나라의 경우 2022년 1월부터 가상자산 투자로 발생한 소득에 대해 기타소득으로 분리해 연간 250만 원을 제외한 이익금에 대해 22% 과세를 한다. 소득이 있는 곳에 세금이 있는 건 당연하다. 과세율 22%는 다른 나라와 비교했을 때도 합리적이라 생각된다.

우리나라는 2021년 3월부터 시행된 특정금융정보법으로 가상자산거래소의 보안성과 자금세탁방지 시스템을 구축했고 2022년 1월부터 과세까지 확정됐다. 따라서 가상자산도 명확하게 제도권으로 들어오게 됐다. 장기적으로 바람직한 방향이라고 생각된다.

주요국 가상자산 투자이익에 대한 세율 비교(2020년 12월 31일 기준)

	세율	조건
한국	22%(2022년 1월부터 시행)	250만 원 공제, 기타소득세
일본	15~55%	이익 20만 엔(200만 원) 초과 시
미국	단기 10~37%, 장기 15~20%	단기 1년 미만, 장기 1년 이상
영국	10~20%	분류과세
독일	1년 이상 보유 시 거의 없음	사적 자산 성격

비트코인 사전증여를 통해 상속세를 절감하자

당신은 혹시 서울에 33평인 아파트가 한 채 있는가? 만약 그렇다면 이제부터 당신은 정신을 바짝 차려야 한다. 당신은 스스로를 그냥 평범한 중산층이라고 생각할지 모르지만 당신은 이미 백만장자다. 우리나라의 상속세율 기준으로 미래에 상속세 최고과세율 50%를 적용받아야 하는 엄청난 부자다.

지금 서울에 33평 아파트가 있는 독자의 나이를 40~50대로 가정해보자. 천재 경제학자 존 메이너드 케인스가 말했듯이 "사람은 언젠가 죽는다." 최근에는 의료기술이 발달해 50대는 최소 30년, 40대는 최소 40년 이후에나 일어날 일이지만 말이다. 서울 아파트 가격은 30년 뒤에 어떻게 될까? 현재 서울의 33평 아파트 가격 평균은 대략 15억 원 수준일 것이다. 강남의 경우 30억이 넘지만 서울에 강남만 있는 건 아니니 일단 15억 원이라 치자. 실무상으로는 15억 원까지를 상속세 부과 없이 편안하게 물려받을 수 있는 재산이라고 본다.

최근 10년간 서울 부동산 상승률은 92%다. 그런데 30년 뒤에 서울 부동산 가격은 얼마나 올라 있을까? 대략 30년 뒤에 명목가격을 60억 원으로 가정해보자. 60억 원은 너무하다고 생각할 수 있지만 화폐 가치 폭락을 생각하면 가능할 것도 같다. 추가로 현금 5억 원을 같이 물려준다고 가정해보자. 만약 65억 원을 상속한다면 상속세는 얼마나 될까? 상속세 부과 시에는 일괄공제 5억 원과 배우자 공제 등 일부 절세되는 장치가 있다. 하지만 그냥 계산의 편의상 부부가 한꺼번에 사망한 뒤 자녀 한 명에게 상속될 경우의 과세표준과 세율로 계산해보자.

일단 일괄공제 5억 원 등을 차감 후 상속 과세표준 30억 원을 기준으로 계산해보면 상속세는 10억 4,000만 원이다. 그래서 당신의 자녀가 손에 쥐는 금액은 30억 원 - 10억 4,000만 원(상속세) = 19억 6,000만 원이 된다. 정부에 내는 상속세가 10억 원이 넘는다. 이제부터가 중요하다. 상속 과세표준 30억 원을 초과하는 금액의 상속세율은 정확히 50%다. 이제 30억 원의 2배인 60억 원을 상속세 과세표준으로 가정해보자. 60억 원 - 25억 5,000만 원(상속세) = 34억 6,000만 원이 된다. 정부에 내는 상속세가 25억 원이 넘는다. 마지막으로 화끈하게 강남에 있는 40평짜리 집이 100억 원이 됐다고 가정해보자. 100억 원 - 45억 4,000만 원(상속세) = 54억 6,000만 원이 된다. 정부에 내는 상속세가 무려 45억 원이다.

이게 서울에 집 한 채와 현금 5억 원이 있을 때 미래에 일어날 수 있는 일이다. 만약 집이 두 채이거나 빌딩이나 비트코인까지 있다면

한국의 상속세율과 증여세율

과세표준	상속세율과 증여세율
1억 원 이하	과세표준의 10%
1억~5억 원	1,000만 원 + 1억 원을 초과하는 금액의 20%
5억~10억 원	9,000만 원 + 5억 원을 초과하는 금액의 30%
10억~30억 원	2억 4,000만 원 + 10억 원을 초과하는 금액의 40%
30억 원 초과	10억 4,000만 원 + 30억 원을 초과하는 금액의 50%

당신의 명목재산은 도대체 얼마까지 올라갈까? 물론 당신은 물가가 많이 올랐으니 상속세 최고세율 기준인 30억 원이 더 완화될 것으로 기대할 것이다. 하지만 이 책의 「부록」을 잘 살펴보면 느끼겠지만 우리나라의 재정 상황은 그렇게 넉넉하지 않다. 쉽사리 상속세를 깎아주는 정책을 펴기는 매우 어려울 것이다.

여기서 독자들에게 절세 전략을 제시한다. 만약 자녀가 미성년자가 아니라 성년이라면 딱 좋다. 자녀에게 비트코인을 증여하는 것이다. 2022년부터 비트코인도 공식적으로 상속과 증여가 가능하다. 보통 사전 증여를 할 때는 가격 상승 가능성이 가장 큰 자산을 선택한다. 상속 이후에 많이 오르면 오를수록 절세 효과가 극대화되기 때문이다. 그래서 과거에는 부동산을 많이 증여했다. 하지만 필자 생각에는 비트코인을 증여했을 때 절세 효과가 훨씬 높을 것으로 본다.

2021년인 시점에서 실무적으로는 비트코인으로 증여해도 되지만 그건 복잡하다. 그리고 2021년 12월 말까지는 비트코인 증여에 대한 명확한 가이드라인이 없어서 혹시라도 나중에 세무당국으로부터 과세 폭탄을 맞게 될 가능성도 있다. 따라서 성년 자녀의 경우 10년 기준으로 5,000만 원까지는 증여세가 없으니 지금 당장 자녀에게 현금 5,000만 원을 증여하고 세무 신고를 한 후 자녀 명의로 직접 비트코인을 사주면 된다.

또는 세율이 10%에 불과한 1억 원을 더해 총 1억 5,000만 원을 증여하면 증여세를 1,000만 원만 내고 1억 4,000만 원을 투자에 활용할 수 있게 된다. 그 자금을 활용해 자녀 명의로 비트코인을 매수하는 게 세무적으로도 전혀 문제 없는 최고의 절세 전략이다.

먼 훗날 우리의 아이들은 "엄마 아빠는 그때 비트코인 1개도 나한테 증여 안 해주고 뭐했어?"라고 말할지도 모른다. 필자는 안타깝게도 자녀가 아직 미성년자라 비트코인을 사줄 수 없다(우리나라의 경우 미성년자는 거래소 계좌를 개설할 수 없어 비트코인 투자가 원천적으로 차단돼 있다). 하지만 2022년부터 실제로 증여세가 도입된다면 미성년자 자녀 명의의 디지털 지갑을 만들어 내 거래소 계좌에서 자녀의 디지털 지갑으로 이체한 뒤 정부에 증여 신고하는 방법을 심각하게 고민하고 있다.

지금 서울에 집 한 채를 증여받은 아이와 그렇지 못한 아이의 부의 격차가 엄청나듯이 먼 훗날에는 비트코인이 그렇게 될지도 모른다. 사이버상의 맨해튼 땅을 자녀에게 증여한다는 마음으로 지금 당장 비트코인을 증여하자. 당신은 현재 한국 땅을 보유하고 있지만 당신의 자녀는 미래에 맨해튼 땅을 보유하게 될지도 모른다.

8장

비트코인은 어떻게 살까

1

비트코인을 10분이면
살 수 있다

국내에는 약 100개의 가상자산거래소가 있다. 필자가 선호하는 거래소는 상위 대형 3개 거래소인 빗썸, 업비트, 코인원이다. 이 거래소들을 신뢰하는 가장 큰 이유는 보안시스템이 양호하고 혹시 해킹을 당하더라도 대형 거래소의 경우 손실을 보상해줄 능력이 되기 때문이다. 보안 시스템이 취약한 중소형 가상자산거래소는 해킹이 발생했을 때 보상해줄 자금력이 영세하다.

요즘은 은행 계좌나 증권 계좌도 스마트폰만 있으면 지점 방문 없이 간편하게 만들 수 있는 세상이다. 가상자산거래소 계좌 역시 마찬가지다. 이제부터 본인의 스마트폰으로 가상자산거래소 계좌를 만들어보자. 국내 3대 가상자산거래소의 회원가입 절차는 모두 비슷하다. 여기서는 빗썸의 가입 절차를 중심으로 설명하겠다.

가상자산거래소 가입 절차와 비트코인 매수 방법

1단계

먼저 가입을 원하는 가상자산거래소의 제휴 은행을 확인한다. 빗썸과 코인원은 농협은행, 업비트는 케이뱅크와 실명확인 입출금 계좌 발급 계약을 맺고 있다. 따라서 가입할 가상자산거래소와 제휴된 은행에서 먼저 은행 계좌를 만들어야 한다. 해당 제휴 은행에 이미 계좌가 개설돼 있다면 새로 만들 필요 없이 그 계좌를 활용하는 게 더 편리하다.

2단계

구글플레이(삼성 스마트폰)나 앱스토어(애플 스마트폰)를 통해 가입을 원하는 가상자산거래소인 빗썸, 업비트, 코인원 등의 앱을 다운받는다. 앱을 열어 회원가입을 신청한다. 본인의 이메일과 비밀번호를 설정한다. 이때 본인의 휴대폰번호로 받은 코드번호를 입력해 본인임을 인증해야 한다. 여기서 주의할 점으로 비밀번호 설정은 일반적인 인터넷 사이트에서 사용하는 비밀번호와 다르게 설정하는 걸 추천한다. 혹시라도 본인이 가입한 인터넷 사이트 중 보안이 취약한 곳의 비밀번호가 노출될 경우 가상자산거래소의 비밀번호가 동일하다면 같이 노출될 위험이 있기 때문이다. 사방팔방에서 호시탐탐 해킹을 해 가상자산거래소의 비트코인을 훔쳐가기 위해 노력하고 있다는 사실을 명심하자.

3단계

본인이 입력한 이메일로 해당 가상자산거래소의 회원가입 확인 메일이 온다. 이 확인 메일을 클릭해서 본인의 이메일과 비밀번호를 입력해 로그인하면 1차적인 회원가입이 완료된다. 여기까지는 단순 회원가입일 뿐이다. 인증레벨 1단계까지 완료한 셈이다.

4단계

인증레벨 2단계로 올라가려면 추가적인 본인인증을 해야 한다. 가상자산거래소 앱에서 '입출금'을 클릭하고 다시 '입금하기'를 클릭하면 '실명확인 입출금 번호 발급받기' 화면이 나온다. 여기서 '본인인증'을 클릭한다. 그러면 '휴대폰 또는 본인확인 신분증 제출'이 뜬다. 이 중 간편하게 '휴대폰 본인 확인'을 클릭해보자. 그러면 'PASS 인증'이 나온다. 본인이 이용하는 통신사와 본인 이름과 휴대폰번호를 입력한다. PASS 앱이 이미 설치돼 있다면 앱을 통해 본인인증을 하고, 설치가 안 돼 있다면 '문자로 인증하기'를 클릭한다. 그러면 이름, 주민번호, 휴대폰번호 입력 창이 뜬다. 모두 입력한 뒤 휴대폰 문자로 온 코드번호 6자리를 입력하면 본인인증이 완료된다.

5단계

본인인증을 통해 인증레벨 2단계까지가 완료됐다. 이제 입출금 계좌번호를 생성해야 한다. 가상자산거래소 앱에서 '입출금'을 클릭하고 다시 '입금하기'를 클릭한다. 그러면 빗썸의 경우 '농협은행NH

BANK 입출금 계좌가 있으신가요?'라는 질문 창이 뜬다. '예'를 클릭하면 '원화 입출금 계좌번호 신청' 창이 뜬다. 클릭하고 주민등록번호, 거주지 주소, 농협 계좌번호를 입력한다. 마지막으로 '원화 입출금 계좌번호 신청'을 누른다.

가상자산거래소별로 시스템에 다소 차이가 있다. 연계 은행 계좌번호를 입력하면 해당 계좌에 1원이 입금되면서 입금명 란에 적힌 번호를 입력하라고 요청하는 거래소도 있다.

6단계

드디어 '원화 입출금 계좌번호'가 생성됐다. 하지만 아직 끝이 아니다. 이 계좌번호에 법정화폐인 원화를 입금해야 한다. 원화 입출금 계좌번호에는 자유로운 입금이 불가능하다. 오직 제휴 은행에서 미리 발급해 놓은 은행 계좌를 통해서만 가상자산거래소의 원화 입출금 계좌번호에 입금이 가능하다. 빗썸과 코인원의 경우는 제휴 은행인 농협은행의 인터넷뱅킹을 통해 새로 생성된 본인의 원화 입출금 계좌번호에 원화를 입금해야 한다.

7단계

이제 원화 입출금 계좌번호에 입금이 완료됐다. 드디어 비트코인을 살 수 있는 환경을 갖추었다. 가상자산거래소에서 본인의 '자산 현황'을 조회해보면 입금한 금액이 원화로 표기되어 있다. 앱에서 '원화마켓'의 '거래소'를 클릭한 후 '비트코인'을 클릭하면 비트코인 주문 창이 열린다. 비트코인은 주식처럼 수요와 공급에 따라 수시로 가격이 변하는 데 원하는 가격과 개수를 지정해 매수 주문을 넣으면 된다.

그런데 여기서 다들 금액에 당황한다. 2021년 3월 말 기준으로 비트코인 1개의 가격이 7,000만 원 선에서 거래되고 있으니 7,000만 원이 있어야만 살 수 있냐는 질문이 많다. 비트코인은 소수점으로도 거래가 된다. 7,000만 원이 없더라도 본인이 가지고 있는 원화만큼 매수가 가능하다. 돈 되는 만큼 편안하게 매수 주문을 넣으면 된다.

8단계

은행이나 증권 계좌 거래 시 보안성을 높이기 위해 OTP 사용이 필수적이다. 가상자산거래소 중에도 OTP 등록이 의무화된 곳이 많다. OTP는 1분마다 달라지는 6자리 생성번호를 추가 입력하는 보안 방식으로 내 비트코인을 지키기 위한 최소한의 안전장치다. '마이페이지'의 '보안센터'에 들어가 '구글 OTP 인증 사용하기'를 클릭하면 구글플레이나 앱스토어를 선택해 구글 OTP를 다운받을 수 있게 설정돼 있다. 스마트폰에서는 구글 OTP가 제일 흔하게 사용된다.

9단계

구글 OTP를 등록하는 과정에서 헤매는 사람들이 많다. 뭔가 익숙하지 않기 때문이다. 가상자산거래소 앱의 '구글 OTP 등록화면'을 잘 보면 '바코드 스캔'과 '설정 키 복사'가 보인다. 이중 '설정 키 복사'를 누른 뒤에 '구글 OTP'로 들어간다. 구글 OTP 화면 하단에 '+(플러스)'표시를 누르면 'QP코드 스캔' 또는 '설정 키 입력' 중에서 선택하라고 나온다. '설정 키 입력'을 선택한 후 '계정 이름'에는 본인이 사용하기 편한 이름을 입력한다. 그 밑에 '내 키' 항목에는 아까 복사해 놓은 '설정 키'를 붙여 넣고 '추가'를 누른다. 그러면 '구글 OTP' 화면에 본인이 만든 계정 이름과 6자리의 숫자가 뜬다. 이 숫자는 1분 단위로 변경된다.

10단계

이제 마지막으로 다시 가상자산거래소의 '구글 OTP' 설정 화면으로 돌아와 본인의 비밀번호와 ARS 휴대폰 인증을 누른다. 화면에 뜬 2자리의 승인번호를 ARS 전화가 걸려왔을 때 입력하면 ARS 인증이 완료된다. 이후에 가상자산거래소의 '구글 OTP 인증번호 입력창'에 '구글 OTP' 화면상에 1분마다 변경되어 나오는 6자리 숫자를 입력하고 '변경'을 클릭하면 등록이 완료된다.

이 과정을 처음 해보는 사람들은 어려워할 수 있다. 침착하게 안내 사항을 따라 진행하면 누구나 따라할 수 있다. 대부분의 가상자산거래소 계좌 개설 방식이 이와 비슷한 프로세스로 진행되니 이 방식을 참고해 본인이 선호하는 가상자산거래소와 거래를 시작하면 된다.

11단계

이제 당신도 비트코인 보유자가 됐다. 유의할 점은 비트코인은 주식과 다르게 24시간 내내 거래가 되고 상한가와 하한가도 없으므로 가격 변동성이 어마어마하다. 감당할 수 없는 많은 금액을 투자한다면 24시간 내내 잠도 못 자고 폐인이 될 가능성이 크다. 감당할 수 있을 만큼의 금액만 투자하는 게 바람직하다.

2

비트코인을 다른 거래소로
보낼 수도 있을까

비트코인을 다른 사람에게 보내거나 다른 거래소로 보내는 것도 가능하다. 하지만 투자자가 군이 이렇게까지 비트코인을 실제로 움직일 일은 별로 없다. 그런데 만약 본인이 거래하는 거래소의 재무 상태가 악화됐거나 거래소가 해킹으로 크게 피해를 봐 앞으로의 안정성이 우려된다면? 불가피하게 다른 거래소로 비트코인을 옮겨야 하는 경우가 생길 수 있다.

〔고급편〕 비트코인을 다른 거래소로 보내는 방법

1단계

내가 가지고 있는 비트코인을 다른 가상자산거래소로 보내기로 결심했다면 그 새로운 거래소에 계좌를 새로 만들어야 한다. 편의상 '보내는 가상자산거래소'와 '받는 가상자산거래소'로 설명하겠다. 받는 가상자산거래소에 본인 계좌를 만들고 나서 '입출금' 항목을 클릭한다. 그러면 코인 리스트가 나오는 데 코인 입출금의 경우 코인별로 계좌(지갑)를 만들어야 한다. 그래서 비트코인을 받을 예정이면 비트코인 계좌를 만들어야 하고 이더리움을 받을 예정이면 이더리움 계좌를 만들어야 한다. 우리는 비트코인을 보낼 예정이므로 '비트코인' 항목을 클릭한다.

2단계

받는 가상자산거래소에 '비트코인BTC 입출금 계정'을 클릭하면 현재는 비트코인이 없기 때문에 총 보유량이 0비트코인으로 표기된다. 그 계정에서 '입금하기'를 클릭해보자. 그러면 내 고유의 '비트코인 입금 주소'가 새로 생성된다. 새로 생성된 비트코인 입금 주소를 복사해 놓는다. 일부 해킹프로그램의 경우 이 복사 기능을 해킹해 다른 비트코인 주소로 뒤바꾸는 경우도 있다. 따라서 복사한 비트코인 입금 주소를 적어두고 비트코인을 입금할 때 반드시 비교해야 한다.

3단계

이제 보내는 가상자산거래소로 돌아가 '입출금' 항목을 클릭하면 내가 보유하고 있는 비트코인 수량이 보인다. 비트코인 항목을 클릭하고 다시 '출금하기'를 클릭하면 비트코인 출금 주소와 보낼 수량과

OTP 인증번호를 입력하라는 창이 나온다.

4단계

복사해 놓은 비트코인 입금 주소를 입력하고 보낼 수량으로 1비트코인을 입력한 후 OTP 인증번호를 넣는다. 약간의 전송 수수료가 차감된 뒤 보내는 가상자산거래소의 비트코인 계정에서 받는 가상자산거래소의 비트코인 계정으로 비트코인이 옮겨진다. 보통 비트코인이 옮겨지는 데 걸리는 시간은 상황에 따라 10분~1시간이 소요된다.

5단계

최종적으로 받는 가상자산거래소에 들어가 내 비트코인 계정을 조회해보면 전송 수수료를 제외한 비트코인이 들어와 있는 것을 확인할 수 있을 것이다. 여기서 정말 중요한 건 주소를 잘 입력해야 한다는 점이다. 은행 계좌의 송금 실수는 대처할 방법이 있다. 하지만 비트코인의 송금 실수는 비트코인을 돌려받지 못하고 날려버릴 가능성이 크다. 주소를 확인하고 또 확인하자.

해외 거래소로의 송금도 가능하다. 예를 들면 미국 1등 가상자산거래소인 코인베이스에 회원가입을 한 후 비트코인을 보낼 수도 있다. 하지만 이 경우 2020년 말에 「국제조세조정에 관한 법률」이 개정됨에 따라 금액이 크다면 해외금융 계좌 신고대상에 해당할 수도 있다.

번거롭고 귀찮은 일이므로 웬만하면 해외 거래소에 비트코인을 보내는 것은 추천하지 않는다. 하지만 만약 한반도 전쟁 같은 최악의 위기 상황이 온다면 우리나라에 서버가 있는 국내 거래소보다 미국에 서버가 있는 코인베이스 거래소에 비트코인을 보관해 놓는 것이 좀 더 안전할 수 있다.

3

국내 3대 가상자산거래소의
특징을 분석해보자

2021년 3월부터 특정금융정보법이 시행됐다. 특정금융정보법은 「특정금융거래정보의 보고 및 이용 등에 관한 법률」을 줄인 말이다. 핵심 내용은 가상자산거래소도 시중 은행 수준의 강력한 '보안'과 '자금세탁방지 시스템'을 구축해야 한다. 그래서 영세한 중소형 거래소는 대거 정리될 것으로 관측되고 있다. 중소형 거래소의 단골 이슈는 해킹과 파산이다. 여러 차례의 해킹으로 약 300억 원의 가상자산을 도난당한 코인빈은 가상자산이 담긴 지갑의 암호키까지 잃어버려 결국 2019년에 파산했다. 또 다른 중소형 거래소도 2018년에 해킹으로 약 400억 원의 가상자산을 도난당한 적이 있다.

이런 상황일수록 처음부터 대형 가상자산거래소를 선택하는 게 고객 입장에서 스스로를 보호할 가장 좋은 방법이다. 그래서 고객들의 자산을 보호할 수 있는 역량과 시스템을 갖춘 것으로 판단되는 국내 3대 가상자산거래소를 간략하게 소개한다.

빗썸

2014년에 설립돼 국내 가상자산거래소의 원조라 할 수 있다. 현재 누적 회원 수가 500만 명 수준으로 알려져 있다. 가상자산의 붐이 일 어났던 2017년에는 국내 거래량 1위를 넘어 전 세계 거래량 1~2위 를 차지한 적도 있었다. 하지만 지금은 해외 가상자산거래소들의 거 래량이 압도적으로 많다. 국내에서는 거래량 기준으로 빗썸과 업비 트가 양강 구도를 보이고 있다. 빗썸은 농협은행과 실명확인 입출금 계좌 발급 계약을 맺고 있다.

빗썸의 보안시스템은 어떨까? 2018년 6월에 빗썸은 해킹으로 190억 원의 가상자산을 도난당했는데 비트코인, 이더리움, 리플 등 총 11개 종류였다. 당시의 해킹은 북한 소행인 것으로 알려져 있다. 해킹 손실에 대해 빗썸은 회사 보유분으로 모두 충당하겠다고 밝혔 다. 2019년 3월에도 220억 원의 가상자산이 외부로 유출됐다. 사라 진 가상자산은 이오스(150억 원)와 리플(70억 원)로 확인됐다. 빗썸은 이번 사고는 외부에서 공격해 들어온 해킹이 아니라 내부자 소행이 라고 밝혔다. 도난당한 가상화폐는 모두 회사 보유분이라 투자자들 에게 피해는 없었다.

빗썸은 빗썸홀딩스(74%), 비덴트(10%), 옴니텔(8%) 등을 주요 주 주로 두고 있으며 이정훈 의장 보유분이 상당한 것으로 알려져 있다.

2021년 초에 국내 최대 게임회사 넥슨의 지주회사인 NXC가 빗썸 인수에 관심을 가진다는 뉴스가 보도됐다. 이후 모건스탠리, 도이체방크, JP모건 등 글로벌 투자회사와 바이낸스, 비자, 네이버 등 잠재적인 매수 후보자들이 계속 등장하고 있다. 아직 확정된 바는 없지만 어디에서 빗썸을 인수하든지 모두 글로벌에서 유명한 기업들이라 브랜드가치는 더 좋아질 것으로 보인다.

업비트

2017년에 출범한 업비트는 회원 수 300만 명을 돌파한 대표적인 가상자산거래소다. 업비트의 회원 수는 하루가 다르게 폭발적으로 증가하고 있다. 국내에서 거래량 기준으로 업비트와 빗썸은 양강 구도를 보이고 있다. 업비트는 인터넷 은행인 케이뱅크와 실명확인 입출금 계좌 발급 계약을 맺고 있다.

카카오와 관련 있는 두나무가 업비트를 운영하고 있다. 두나무의 최대 주주는 창업자인 송치형 의장으로 약 26%의 지분을 보유하고 있다. 2대 주주인 김형년 부사장은 약 14%의 지분이 있다. 사실상 카카오의 지분인 케이큐브1호 벤처투자조합 지분 약 11%와 카카오 지분 약 8%, 카카오청년창업펀드 지분 약 2% 등을 합치면 카카오 계열 지분이 20%가 넘는다.

업비트의 보안 시스템은 어떨까? 업비트도 2019년 11월에 580억 원이라는 엄청난 규모의 가상자산이 외부로 유출된 사고가 있었다. 유출된 가상자산은 이더리움 34만 2,000개다. 업비트는 유출된 이더

리움을 모두 업비트 자체 보유분으로 충당하겠다고 밝혀 투자자들의
피해는 없었다.

코인원

코인원은 2014년 2월에 설립된 가상자산거래소로 설립 7주년을
넘어섰다. 가입자 수는 100만 명을 돌파해 명실상부한 국내 3위의
가상자산거래소로 자리매김하고 있다. 향후 디파이 서비스를 선도해
나가는 데 주력한다는 방침이다. 코인원 대주주는 고위드(전 데일리금
융그룹)로 약 73%의 지분을 보유하고 있고 2대 주주는 차명훈 대표
로 약 20%의 지분을 보유하고 있다.

코인원의 가장 큰 장점은 최강의 보안 시스템이다. 포항공대를 졸
업한 차명훈 대표는 2009년 데프콘 CTF 세계 해킹대회에서 3위를
기록한 화이트 해커 출신이다. 그래서 해킹에 강하다는 이미지를 가
지고 있다. 현재까지 코인원은 빗썸이나 업비트와 달리 해킹으로 금
전적 손실을 본 적이 없다.

지금까지 살펴본 빗썸, 업비트, 코인원에 대한 상세한 정보는 각사
의 홈페이지에서 확인할 수 있다.

4

왜 미국 코인베이스
거래소가 주목받을까

골드러시는 1849~1853년 미국 서부의 금광 열풍 속에서 동부 사람들이 대거 서부로 이동해 금을 찾아다녔던 시대의 현상을 뜻한다. 막대한 부를 얻을 수 있다는 희망과 달리 치열한 경쟁 탓에 금광 채굴자 중에 실제로 큰돈을 번 사람은 많지 않았다. 반면에 삽과 곡괭이와 청바지를 판매한 사람들은 쉽게 돈을 벌었다. 금을 캘 때 누구에게나 꼭 필요한 필수품이었기 때문이다.

가상자산거래소 또한 코인 가격이 올라가든 내려가든 상관없이 수수료를 받는다는 점에서 청바지 장사와 다를 바 없다. 2012년에 설립된 미국 최대 가상자산거래소 코인베이스의 기업공개IPO 소식은 여러 가지로 의미가 깊다. 그동안 사각지대에 있던 가상자산거래소가 미국 증시에 정식으로 상장된다면 비트코인 같은 가상자산이 공식적으로 인정받는다는 점에서 향후 시장에 긍정적으로 작용할 것이다. 미국 주식에 투자하는 서학 개미들에게도 많은 인기를 끌 것으로 기대된다.

코인베이스 이용자 수는 2020년에 분기마다 약 300만 명씩 증가해 2020년 말 기준 이용자 수는 총 4,300만 명이다. 미국 인구 3억 3,200만 명 중 13%가 이용하는 것으로 추정된다(물론 코인베이스를 미국 사람만 이용하는 건 아니다). 미국 최대 온라인 증권사인 찰스슈왑의 이용자 수는 코인베이스보다 적은 3,050만 명으로 알려져 있다. 우리나라 사람도 여권만 있으면 코인베이스 회원가입이 가능하다. 만약 한반도 전쟁 위기 같은 급박한 상황으로 자신의 비트코인을 미국에 서버를 둔 미국 거래소로 옮기고 싶다면 당연히 코인베이스를 1순위로 검토해야 한다. 미국 업계 1위이자 유일하게 상장된 가상자산거래소가 될 것이기 때문이다.

5

왜 비트코인을 가상자산거래소에 보관해야 할까

비트코인을 반드시 가상자산거래소에 보관해야 하는 건 아니다. 개인이 디지털 지갑 형태로 보관할 수도 있다. 만약 당신이 거래소 해킹이 두려워 비트코인을 디지털 지갑에 보관하기로 했다면 이 질문에 대답해보자. 당신은 지금까지 살아오면서 지갑이나 핸드폰을 단 한 번이라도 잃어버린 적이 없었나? 만약 한 번이라도 잃어버린 적이 있었다면 그 결정은 지금 당장 취소하는 것이 좋다. 비트코인 가격은 핸드폰이나 지갑 속 돈과 비교할 수 없을 만큼 비싸다.

2021년 1월에 『뉴욕타임스』는 리플 전 최고기술책임자CTO로도 잘 알려진 스테판 토마스Stefan Thomas의 안타까운 사연을 보도했다. 그는 10년 전 가상자산 관련 영상 제작의 대가로 비트코인 7,002개 (약 4,900억 원)를 받아 디지털 지갑에 보관하고 있었는데 그만 암호를 분실했다. 몇 년 전에 디지털 지갑의 비밀번호를 적어둔 종이를 잃어버려 비밀번호를 입력할 수 있는 10번의 기회 중 이미 8번을 써 버린 상태다. 이제 단 2번의 기회만 남겨두고 있다. 남은 2번 모두 잘 못된 비밀번호를 입력한다면 영영 비트코인과는 작별하게 된다.

또 다른 사례가 있다. 영국 웨일스 뉴포트의 IT 업계 종사자 제임스 하우얼스는 지난 2009년 자신의 컴퓨터로 7,500비트코인(약 5,250억 원)을 채굴했다. 그런데 그도 역시 비트코인이 담긴 하드 디스크 드라이브를 몇 년 뒤 이사를 하면서 내다 버리는 실수를 했다. 당시에는 비트코인 가격이 낮아 이 드라이브의 존재를 잊고 있다가 비트코인이 폭등한 이후 실수로 버린 드라이브가 생각났다. 그는 뉴포트 지역의 쓰레기 매립지에 이 드라이브가 묻혀 있다며 뉴포트 시의회에 해당 매립지를 파내게 해주면 5,250만 파운드(약 800억 원)를 기부하겠다고 제안했지만 거절당했다.

솔직히 필자는 이들이 비밀번호를 분실했거나 하드 디스크를 잃어 버렸기 때문에 아직 비트코인을 못 팔아서 거액의 평가금액이 됐다고 생각된다. 만약 그렇지 않았다면 진작에 팔아버리지 않았을까? 지금은 클라우드가 발달해 개인 사진이나 문서도 다 클라우드에 보관하는 시대다. 이럴 때 거꾸로 개인의 컴퓨터나 스마트폰에만 사진과 문서를 보관한다면 최악의 경우 컴퓨터가 고장 났을 때 자료가 다 날아갈 수 있다. 또는 스마트폰을 분실할 수도 있다. 마찬가지로 가상자산거래소가 해킹당할까 봐 두려워 비트코인을 개인 지갑에 보관하는 전략이 과연 현명한 걸까?

비트코인을 가상자산거래소에 보관하면 내가 아이디나 비밀번호를 분실했더라도 엄격한 본인확인을 통해 재설정이 가능하다. 만약 구글 OTP가 들어 있는 휴대폰을 분실했다면 어떻게 될까? 필자도 과거에 구글 OTP가 들어 있는 휴대폰을 분실해 숨이 멎을 뻔한 경험을 한 적이 있다. 하지만 다행히도 엄격한 본인확인 절차를 거쳐 순탄하게 재설정했다.

그렇다면 비트코인을 보유한 내가 갑자기 사망했을 경우 비트코인도 상속이 될까? 은행이나 증권사의 경우 상속인들이 상속 관련 서류를 정상적으로 제출하면 당연히 사망자의 예금을 출금할 수 있다. '정부24'의 '안심상속' 서비스를 통해 사망자의 재산이 어느 금융기관에 있는지도 한번에 조회할 수 있다.

비트코인도 동일하다. 앞으로 '정부24' 사이트에서 조회가 될지는 아직 모르겠다. 하지만 사망자가 이용했던 거래소를 상속인이 알고 있다면 상속 관련 서류를 제출하고 상속이 가능하다. 당연히 상속세도 낸다. 하지만 비트코인을 디지털 지갑에 보유하고 있었는데 상속인이 비밀번호를 모른다면 비트코인과는 영영 안녕 해야 할 것이다. 정부에 간절하게 상속세를 내고 싶어도 못 내는 상황에 처할 수 있다.

가상자산 시장 분석업체 체이널리시스에 따르면 현재 유통되는 1,860만 비트코인 중 20%가 비밀번호를 찾지 못해 디지털 지갑에 묶여 있거나 분실 상태인 것으로 추정하고 있다. 이렇게 분실된 비트코인까지 계산하면 우리에게 알려진 것보다 비트코인의 유통량은 훨씬 더 줄어든다. 비트코인이 더더욱 귀한 이유다.

부록

왜 비트코인은
폭등한 것일까

1. 미국의 재정적자 규모

비트코인은 왜 2020년에 급격하게 오르기 시작했을까? 2020년 5월의 반감기가 가장 큰 원인일 것이다. 하지만 한 가지 더 강력한 이유가 있다. 바로 미국과 주요국들의 재정적자가 비트코인의 상승에 굉장한 영향을 미쳤다. 2020년 이전까지 대중들은 비트코인이 절대 금이나 달러의 대체재가 될 수 없다고 생각했다. 하지만 코로나19로 인해 각국 정부에서 엄청나게 돈을 풀어대는 모습을 보며 사람들의 인식이 바뀌기 시작했다. 정부의 법정화폐를 믿을 수 없다는 사토시 나카모토의 말이 무슨 뜻인지 비로소 직접 확인하게 된 것이다.

미국과 세계 각국의 무시무시한 재정적자와 부채비율을 확인해보자. 더욱 강하게 비트코인 투자에 대한 확신이 들 것이다.

미국의 재정적자와 부채비율

국가를 유지할 때 가장 중요한 건 바로 세금이다. 돈이 없으면 국가는 유지될 수 없다. 입법, 사법, 행정 조직과 군사력은 모두 막대한 돈을 기반으로 유지된다. 그래서 국가는 돈이 절실하게 필요하다. 세금을 걷는 걸 세입이라 하고 세금을 쓰는 걸 세출이라고 한다. 국가 살림이 잘 운용되도록 국가가 걷는 세금과 국가가 쓰는 세금이 균형을 이루도록 노력하는 걸 재정정책이라고 부른다.

그런데 우리는 아주 오래전부터 미국의 쌍둥이 적자가 심각하다는 소문을 들어왔다. 쌍둥이 적자란 세입보다 세출이 더 많을 때 생기는 재정수지 적자와 수출보다 수입이 더 많을 때 생기는 경상수지 적자

미국 연방정부 재정수지 2020년(2019. 10~2020. 9) 현황

	달러 기준	원화 기준
연방정부 총수입	3.4조 달러	3,762조 원
연방정부 총지출	6.6조 달러	7,207조 원
미국 국내총생산 총계	21.0조 달러	2경 3,096조 원
재정적자 금액	△3.2조 달러	△3,445조 원
국내총생산 대비 재정적자비율	△15%	△15%

(출처: 데이터랩, 환율 1,100원 환산)

가 동시에 발생하는 현상이다.

대부분의 국가들은 1년 예산을 편성할 때 방만하게 사용하지 못하도록 최종적으로 복잡한 의회의 승인을 받아야 한다. 미국 역시도 마찬가지다. 미국은 도대체 국가 살림살이를 어떻게 하길래 재정적자 문제가 심각하다는 얘기를 그렇게나 자주 듣는 것일까? 미국의 2020년 재정수지 현황을 살펴보자.

미국의 2020년 연방정부 총수입은 3,762조 원이다. 수입은 주로 개인소득세, 법인세, 사회보장세, 소비세 등으로 징수한다. 반면에 2020년 연방정부의 총지출은 무려 7,207조 원이다. 지출이 수입의 2배 가까이 된다. 지출은 행정비, 국방비, 사회보장지출 등 외에도 코로나19 전염병 관련 지출이 포함돼 있다.

미국의 재정수지를 살펴보니 이건 마치 연봉을 1억 원을 받는 사람이 1년 동안 생활비로 2억 원의 돈을 쓴 꼴이다. 만약 매년 생활비를 이렇게 쓴다면 미국의 파산은 시간문제다. 그래서 과거 5년간의

미국 총 국내총생산, 연간 재정적자, 경상수지 적자 현황

연도	미국 총 국내총생산	재정수지 적자	재정수지 적자율	경상수지 적자
2016년	2경 581조 원	△646조 원	△3.1%	△471조 원
2017년	2경 1,439조 원	△732조 원	△3.4%	△484조 원
2018년	2경 2,594조 원	△857조 원	△3.8%	△540조 원
2019년	2경 3,573조 원	△1,084조 원	△4.6%	△548조 원
2020년	2경 3,096조 원	△3,445조 원	△15.0%	△617조 원

(출처: 데이터랩, 환율 1,100원 환산)

데이터를 찾아봤다. 다행히 과거에는 이렇게까지 방만하게 살림을 하지는 않았다. 2020년의 심각한 재정적자는 코로나19로 인한 일시적인 상황으로 해석할 수 있다. 하지만 안심할 수는 없다. 여전히 과거에도 3~4%대의 재정적자가 꾸준히 진행돼왔기 때문이다.

위의 데이터를 찬찬히 살펴보면 먼저 미국의 2020년 총 국내총생산은 무려 2경 3,000조 원으로 우리나라 총 국내총생산의 13배 수준이다. 역시 엄청난 대국이다. 그런데 국내총생산 대비 연간 재정수지 적자율은 2016년 −3.1%, 2017년 −3.4%, 2018년 −3.8%, 2019년 −4.6%로 조금씩 계속 악화되다가 2020년에는 코로나19의 영향으로 무려 −15%로 폭주한다.

하지만 다행히도 아직 역대 최고치는 아니다. 실제 역대 최고치는 제2차 세계대전이 막바지로 향하던 1944년으로 무려 −26.9%였다. 우려되는 건 2021년에도 코로나19 전염병이 개선될 기미가 보이지 않는다는 점이다. 2021년에도 미국은 큰 폭의 재정수지 적자가 불가

미국 코로나19 관련 경기부양 예산편성 규모

	지급일	지급금액	원화 환산
1차 예산편성	2020년 3월	2조 2,000억 달러	2,420조 원
2차 예산편성	2020년 12월	9,000억 달러	990조 원
3차 예산편성	2021년 3월	1조 9,000억 달러	2,090조 원
합계			5,500조 원

(출처: 언론 보도자료, 환율 1,100원 환산)

피하다.

미국 재정수지 적자의 가장 큰 원인은 코로나19와 관련된 예산 때문이다. 미국이 지금까지 편성한 코로나 예산은 무려 5,500조 원이다. 이는 미국의 1년간 총수입인 3,762조 원의 1.5배 규모다. 그러니 당연히 적자가 커질 수밖에 없다.

수입이 1억 원인데 생활비로 2억 원을 쓰려면 어떻게 해야 할까? 당연히 빚을 내야 한다. 어느 나라 정부든 국가채권 발행을 통해 손쉽게 민간에서 돈을 빌릴 수 있다. 게다가 미국은 기축통화국이니 돈을 빌리는 건 더더욱 쉬운 일이다. 하지만 빚은 마약과 같다. 재정수지 적자가 지속돼 계속해서 돈을 빌리게 되면 당연히 국가 부채비율도 점점 더 높아지게 된다.

2경 9,000조 원의 부채가 있다면 도대체 이자는 얼마나 될까? 다행히 미국의 장기채 금리는 저렴한 편으로 국고채 10년물의 금리는 약 1.7%다. 그럴지라도 부채 2경 9,000조 원에 1.7%의 금리를 곱하면 연간 이자 비용이 493조 원으로 만만치 않다. 다행히 이 정도 금

미국 국내총생산 대비 부채비율

연도	총 국가부채(달러)	총 국가부채(원화)	국내총생산 대비 부채비율
2016년	19.6조 달러	2경 1,560조 원	100%
2017년	20.2조 달러	2경 2,220조 원	104%
2018년	21.5조 달러	2경 3,650조 원	104%
2019년	22.7조 달러	2경 4,970조 원	106%
2020년	26.4조 달러	2경 9,040조 원	126%

(출처: 더밸런스, 2020년 부채비율은 필자 추정치, 환율 1,100원 환산)

리라면 아직은 버틸 만하다. 미국의 국채 금리가 급등하지 않는 한 아직 위험신호는 없다.

미국의 국가부채 비율이 국내총생산 대비 126%가 됐다고 하니 당장이라도 미국이 부도날 것처럼 불안해하는 사람들이 있다. 하지만 안심해도 좋다. 미국은 절대 이 정도 부채비율로 허무하게 부도날 나라가 아니다. 미국은 세계 최강의 경제대국이자 군사대국이자 기축통화국이기 때문이다. 미국은 제2차 세계대전이 종료된 1945년과 1946년에도 이미 부채비율 100%를 넘겨본 경험이 있다. 그래도 불안하다고? 그렇다면 부채 규모에 있어서 미국을 훨씬 앞서고 있는 일본을 보고 안심해도 좋다. 일본의 국내총생산 대비 부채비율은 250%다. 하지만 지금도 계속 규모를 늘려가고 있어서 머지않아 300%에 도달할 수 있을 것으로 전망하고 있다. 설마 미국이 일본보다야 못하겠는가?

하지만 미국의 달러 가치는 더욱 빠른 속도로 하락하게 될 것이다. 앞에서도 이야기한 것처럼 2020년에 미국은 1억 원의 수입이 있는 사람이 2억 원의 생활비를 쓴 꼴이었다. 2021년에도 여전히 미국은 수입의 2배를 생활비로 쓸 계획이다. 2021년 3월에 통과된 코로나 경기부양책 예산 규모가 무려 2,090조 원(1조 9,000억 달러)이기 때문이다. 미국 달러 가치 폭락의 최대 원인 제공자는 단연 미국 정부다. 하지만 정부의 잘못만은 아니다. 코로나19는 불가항력적인 전 세계적 천재지변이기 때문이다.

돈을 무제한으로 푸는 현대통화이론은 무엇인가

최근에 엄청난 인기를 끄는 비주류 경제학 이론이 있다. 바로 현대통화이론MMT, Modern Monetary Theory이다. 현대통화이론이란 국가와 정부는 과도한 인플레이션만 없다면 경기부양을 위해 화폐를 계속 발행해도 된다는 이론이다. 1970년대 미국 이코노미스트인 워런 모슬러Warren Mosler가 발전시켰다. 정부의 재정지출이 세금 수입의 총액을 넘어서는 안 된다는 균형재정이론과는 반대되는 개념이다.

이 이론에 따르면 미국의 재정적자는 아주 사소한 것이므로 전혀 걱정할 필요가 없다. 하지만 주류 경제학에서는 '미친 이론' 또는 '쓰레기 이론'이라며 거세게 비난한다. 주류 경제학은 균형재정이론의 중요성을 강조하고 화폐를 시장에서의 가치 교환 효율화를 위해 도입한 것으로 본다. 하지만 현대통화이론은 정부가 조세를 거두기 위해 화폐를 발행한 것으로 본다. 화폐는 정부의 강제력에 기반하기 때문에 정부가 얼마든지 발행할 수 있다고 주장한다.

따라서 자국 통화로 표시된 국가채권을 대량으로 발행해도 국가가 파산하는 일은 없으므로 재정수지 적자가 발생하더라도 적자 국채 발행을 늘리면 모든 것이 해결된다고 주장한다. 정부가 마음 놓고 적자재정을 편성해 완전고용에 모든 노력을 다해야 한다는 것이 요점이다. 물론 현대통화이론도 인플레이션을 걱정하기는 한다. 현대통화이론을 실질적으로 증명하는 사례로 가장 많이 거론되는 나라는 부채 왕국 일본이다. 2013년에 아베노믹스가 시행된 이후 일본 정부는 국채를 대량으로 발행했다. 그리고 일본 중앙은행이 이 국채들을 대량으로 사들여 막대한 화폐를 시장에 풀었다. 그럼에도 일본의 물가상승률은 2%에도 미치지 못했다. 하지만 일본 중앙은행과 재무성은 현대통화이론과 자신들은 아무 상관이 없다고 주장하고 있다.

미국 민주당 의원들과 월가 등에서는 현대통화이론에 대한 찬성론자들이 많지만 주류 경제학계에서는 화폐를 대량으로 찍어 재정적자를 확대하면 급격한 물가상승을 불러올 수 있다고 비판한다. 제로금리 정책으로도 모자라 대량의 달러를 찍어 내고 있는 미국 연준과 재무부는 현대통화이론에 대해 어느 정도는 동의하는 것으로 보인다. 단 초인플레이션이 발생하지 않는 범위 내에서의 얘기다.

2. 미국 연방준비제도의 통화정책

금의 뒷받침이 없는 법정화폐는 인플레이션에 취약할 수밖에 없다. 신용이 부족해서 인플레이션이 발생하는 게 아니다. 발행량 제한 없이 언제든 찍어 낼 수 있는 종이 화폐이기 때문에 화폐 가치가 하락하는 것이다. 그래서 경제학자 밀턴 프리드먼은 "인플레이션은 언제 어디서나 화폐적 현상입니다."라고 말했다.

우리는 각국 정부가 이성적이고 합리적이라는 믿음이 있다. 더 정확히는 각국의 재무부와 중앙은행에 큰 기대를 걸고 있다. 각국 정부는 정말 이성적으로 인플레이션을 억제하고 화폐 발행을 통제하고 있을까? 평소에는 그럴지 몰라도 만약 전쟁이 일어나거나 팬데믹으로 경제가 완전히 붕괴될 위기가 와도 과연 엄격한 통화정책을 고수할 수 있을까?

니얼 퍼거슨Niall Ferguson은 밀턴 프리드먼의 말에 본인의 의견을 보태 "초인플레이션은 언제 어디서나 정치적 현상입니다."라는 말로 정치인들의 본능적인 포퓰리즘 성향을 지적했다. 인플레이션은 화폐적 현상일지 몰라도 월간 물가상승률이 50%를 초과하는 초인플레이션의 경우는 정치적 현상이라고 꼬집은 것이다. 대표적인 예가 살인적인 초인플레이션으로 붕괴된 베네수엘라다.

주요 선진국에는 모두 중앙은행이 있다. 우리나라에는 한국은행이 있고 미국에는 연방준비제도(이하 연준)가 있다. 미국 연준은 실제로는 중앙은행의 역할을 하고 있지만 외견상은 민간은행들의 출자를 통해 지분이 고르게 분산돼 있다. 한국은행은 원화를 발행하고 연준은 달러를 발행한다.

통화정책이란 돈의 흐름을 관리하는 정책이다. 한 국가의 통화정책을 책임지는 기관이 바로 중앙은행으로 통화량과 이자율을 관리한다. 각국의 중앙은행들은 지난 2008년 글로벌 금융위기를 기점으로 통화정책을 크게 바꿨다. 전통적인 금리정책으로 위기를 해결하는 데는 한계가 있다는 점을 깨달은 것이다. 연준은 2008년도 금융위기 때 제로금리 정책을 썼는데 금리를 0%까지 낮추고 나니 더 이상 할 수 있는 게 없었다.

결국 연준은 교과서에나 나오던 양적완화 정책을 쓰기 시작했다. 이럴 때 어떤 변화가 생길까? 중앙은행 역할을 하는 연준의 대차대조표상 자산이 증가하게 된다. 그게 무슨 말이냐고? 쉽게 설명하면 연준이 채권을 사들이면서 그만큼 화폐를 발행해 시중에 화폐가 늘어난다는 뜻이다.

다음 표를 살펴보면 평온한 시기였던 2007년의 연준 자산 규모는 전년 대비 2% 증가한 980조 원에 불과했다. 하지만 그다음 해에 글로벌 금융위기가 터졌다. 연준은 시장붕괴를 막기 위해 미국 국채와 모기지담보증권 등을 시장에서 무제한 매수하며 필사적으로 돈을 쏟

연준 대차대조표상 자산 증감 현황(2007년~2020년)

	연준 자산 규모	전년 대비 증가율	전년 대비 증감액
2007년 말	980조 원	2%	21조 원
2008년 말	2,463조 원	151%	1,349조 원
2013년 말	4,436조 원	39%	1,125조 원
2018년 말	4,483조 원	△8%	△373조 원
2019년 말	4,582조 원	2%	90조 원
2020년 말	8,097조 원	77%	3,198조 원

(출처: 연방준비은행 이코노믹 리서치, 환율 1,100원 환산)

아부었다.

　결국 연준의 대차대조표상 자산은 2008년 말에 전년 대비 1,349조 원(151%)이 늘어난 2,463조 원이 된다. 연준이 미국 국채 등을 그만큼 대규모로 매수했기 때문이다. 달러를 마구 찍어 내 위기에 있는 금융기관들을 화끈하게 지원해준 셈이다. 그리고 5년 뒤인 2013년에도 또다시 화끈하게 1,125조 원 규모의 양적완화 정책을 펼쳤다.

　연준이 영원히 자금을 회수하지 않는 건 아니다. 회수하는 시늉 정도는 한다. 시장이 안정돼 인플레이션이 우려되던 2018년에 전격적으로 테이퍼링을 실시해 약 373조 원의 연준 자산이 감소했다. 테이퍼링은 '점점 가늘어진다.'라는 뜻으로 양적완화의 규모를 축소해 나간다는 뜻이다. 하지만 2020년에 발생한 코로나19로 연준은 다시 사상 최대의 대책을 내놓게 된다. 2008년 글로벌 금융위기 당시 양적완화 규모의 2.5배이자 2018년 테이퍼링 규모의 8배인 3,198조 원의 양적완화 정책을 2020년에 다시 펼치게 된다. 거의 2차 세계대전 당시의 전쟁 상황처럼 파격적이다.

　2021년에도 매월 132조 원(1,200억 달러)의 국채(800억 달러)와 모기지 채권(400억 달러)을 지속적으로 매입해 시중에 돈을 풀고 있다. 사상 최대 규모의 양적완화 정책은 여전히 현재 진행형이다. 이 추세라면 2021년 말 연준 대차대조표에는 우리에게 익숙한 '조' 단위가 아니라 '경'이라는 낯선 숫자 단위가 등장할지도 모른다. 이렇게 미국은 재정적자가 심각한 상황이고 연준은 달러를 마구 찍어 내고 있다. 그러니 비트코인이 안 오를 이유를 찾기가 더 어려운 상황이다.

3. 각국의 국내총생산 비교

경제용어 중에 가장 많이 활용되는 용어가 바로 국내총생산이다. 국내총생산은 한 나라의 영역 내에서 가계, 기업, 정부 등 모든 경제 주체가 일정 기간 생산한 재화와 서비스의 부가가치를 시장가격으로 평가해 합산한 것이다.

다음의 표에서 우리나라의 국내총생산을 살펴보자. 달러 단위에 익숙하지 않은 사람 눈에도 쉽게 보이도록 필자가 임의대로 원화로 환산을 했다. 우리나라의 2019년 국내총생산(명목)은 1,919조 원이다. 미국의 국내총생산은 2경 4,963조 원으로 우리의 13배다. 국내총생산은 인구수가 많은 나라에 유리하다. 그래서 인구수가 우리의 6배가 넘는 미국이 유리할 수밖에 없다.

경제협력개발기구OECD 주요국 국내총생산 순위(2019년 기준)

국가별	국내총생산	국내총생산 원화 환산	1인당 국내총생산	총 인구
미국	21조 4,277억 달러	2경 4,963조 원	6만 5,281달러	3억 2,900만 명
일본	5조 818억 달러	5,920조 원	4만 247달러	1억 2,700만 명
독일	3조 8,456억 달러	4,480조 원	4만 6,259달러	8,400만 명
영국	2조 8,271억 달러	3,294조 원	4만 2,300달러	6,800만 명
프랑스	2조 7,155억 달러	3,164조 원	4만 494달러	6,500만 명
이탈리아	2조 12억 달러	2,331조 원	3만 3,190달러	6,100만 명
캐나다	1조 7,364억 달러	2,023조 원	4만 6,195달러	3,700만 명
한국	1조 6,463억 달러	1,919조 원	3만 1,838달러	5,200만 명

(출처: 통계청, 원화 환산은 통계청 달러 자료에 환율 1,165원 환산)

인구수를 고려해 단순 비교하기에 유용한 지표는 '1인당 국내총생산'이다. 우리나라 1인당 국내총생산은 3만 1,838달러이고 미국은 6만 5,281달러다. 이 기준으로 보면 국내총생산 격차는 13배에서 2배로 좁혀진다. 우리나라 1인당 국내총생산은 전통적인 선진국인 일본, 독일, 영국, 프랑스와 큰 차이가 나지는 않는다. 그만큼 우리나라가 많이 성장했다는 걸 수치로 확인할 수 있다.

워런 버핏Warren Buffett이 고안해낸 버핏지수도 국내총생산을 기반으로 한다. 버핏지수는 그 나라의 국내총생산보다 주식 시가총액이 높다면 주식시장이 고평가라고 설명한다. 2020년 말 기준 국내총생산은 1,924조 원이다. 주식 시가총액은 2,367조 원으로 국내총생산의 1.2배를 넘어섰다. 버핏지수 기준으로 보면 국내 증시는 고평가됐다고 볼 수 있다.

주택 시가총액은 얼마일까? 통계청이 발표한 2019년 말 기준 주택 시가총액은 5,057조 원이다. 2020년 말 기준으로는 약 5,500조 원 이상으로 추정된다. 국내총생산의 2.5배를 훌쩍 넘는 수준이다(9년 전인 2010년 말 기준 주택 시가총액은 3,019조 원이었다).

여기까지 살펴보면 우리나라의 경제 수준과 국제 사회에서 우리나

우리나라 국내총생산, 주식, 부동산 시가총액 비교

	국내총생산	주식 시가총액	주택 시가총액
금액	1,924조 원	2,367조 원	5,057조 원
기준 연도	2020년 말 기준	2020년 말 기준	2019년 말 기준

(출처: 통계청, 한국거래소)

라의 경제적 위상이 어느 정도인지 대략 감이 잡힐 것이다. 마지막으로 국민 전체 자산이 얼마인지를 살펴보자.

통계청이 발표한 2019년 기준 국민순자산은 1경 6,622조 원으로 2018년에 비해 1,058조 원(6.8%) 증가했다. 2019년 국내총생산 1,919조 원의 8.7배 규모다.

굳이 복잡한 수치들을 일일이 하나하나 다 계산해 본 이유는 큰 흐름을 잡기 위해서다. 국내총생산 총액을 기준으로 주식 시가총액, 부동산 시가총액과 다른 나라들의 국내총생산 금액 등을 서로 비교해보면 우리나라가 어느 정도 위치인지를 확인할 수 있다. 단순한 숫자 나열이 아니라 국내총생산이라는 기준금액을 잡고 상호 비교를 해봐야 쏟아지는 뉴스들의 다양한 숫자들이 우리에게 무엇을 의미하는지를 이해할 수 있다.

국민대차대조표(국민순자산 계산) (2019년 12월 31일 기준)

	일반법인	금융법인	정부	가계·비영리	국내 경제
비금융자산 (토지, 건설자산 등)	4,989조 원	191조 원	3,657조 원	7,205조 원	1경 6,042조 원
순금융자산 (금융자산-금융부채)	△2,435조 원	179조 원	734조 원	2,102조 원	580조 원
순자산 (비금융자산+순금융자산)	2,554조 원	370조 원	4,391조 원	9,307조 원	1경 6,622조 원
비율	15%	2%	26%	56%	100%

(출처: 통계청)

4. 우리나라의 재정 현황

달러가 세계에서 가장 많이 통용되는 이유는 미국의 막강한 국력을 바탕으로 세계에서 유일하게 기축통화로 인정받고 있기 때문이다. 우리는 원화를 기준으로 환율의 움직임을 살펴보자. 원화는 기축통화가 아니다. 그렇다면 원화 환율의 강세와 약세를 결정하는 요인에는 어떤 게 있을까?

경상수지와 무역수지

경상수지는 상품을 외국에 팔고 사는 거래(무역수지), 서비스를 외국에 팔고 사는 거래(서비스수지), 외국에 투자한 대가로 받는 배당·이자 소득(소득수지), 경상이전거래(경상이전수지)로 구성돼 있다. 그중에서 무역(상품)수지가 가장 중요하다. 무역수지는 국내에서 생산한 상품의 수출금액과 외국에서 생산한 상품의 수입금액 차이를 말한다. 우리나라는 석유 등의 원자재가 없어서 대부분 수입해야 한다. 다행히 미국의 셰일가스 개발 이후 석유가격이 10년 이상 하향 안정화되고 있다.

우리의 강점은 제조업 강국이라는 사실이다. 삼성전자로 대표되는 반도체와 휴대폰 산업, 현대차와 기아차로 대표되는 자동차 산업, LG화학과 SK이노베이션으로 대표되는 배터리와 화학정유 산업 등 강력한 제조업을 기반으로 막대한 수출을 통해 지속적으로 무역흑자를 유지하는 건실한 국가다.

우리나라 경상수지는 2016년 108조 원, 2017년 83조 원, 2018년

최근 5년간 무역수지와 경상수지 현황

기간	수출금액	수입금액	무역수지	경상수지(원화 환산)
2020년	4,614억 달러	4,229억 달러	385억 달러	753억 달러 (83조 원)
2019년	5,422억 달러	5,033억 달러	389억 달러	594억 달러 (65조 원)
2018년	6,049억 달러	5,352억 달러	697억 달러	775억 달러 (85조 원)
2017년	5,736억 달러	4,785억 달러	952억 달러	752억 달러 (83조 원)
2016년	4,954억 달러	4,061억 달러	892억 달러	979억 달러(108조 원)

(출처: 관세청, 통계청, 환율 1,100원 환산)

85조 원, 2019년 65조 원, 2020년 83조 원으로 여전히 상당한 규모의 흑자를 기록하고 있다. 2019년에는 반도체 가격 하락으로 수출이 감소해 경상수지가 소폭 빠졌지만 2020년에 바로 회복됐다. 막대한 경상수지와 무역수지 흑자는 원화 환율의 강세 요인이다.

재정수지

국가가 정상적으로 운영되기 위해서는 일단 세금을 잘 걷는 게 필수다. 돈이 곧 권력이다. 세금은 국가가 유지되는 원동력이다. 재정수지란 세입과 세출 간에 발생한 차이를 말한다. 모든 국가는 걷은 세금보다도 더 많은 돈을 쓰는 것을 최대한 피하려 한다. 그래서 균형재정 또는 흑자재정이 기본 목표다.

「국가재정법」 제1조에도 '건전재정의 기틀을 확립하는 것을 목적으로 한다.'라고 명시돼 있다. 하지만 코로나19 같은 돌발적인 악재로 경기가 어려울 때는 일시적으로 적자재정을 통해 경기를 부양하

국가 총수입

	2019년	2020년(추정치)	증감률(추정)
국가 총수입	473조 원	471조 원	0%
(A)국세수입	294조 원	286조 원	△3%
– 소득세	84조 원	93조 원	11%
– 법인세	72조 원	56조 원	△22%
– 부가가치세	71조 원	65조 원	△8%
– 기타	67조 원	72조 원	7%

(출처: 기획재정부, 『월간 재정 동향』 2021년 3월호, 2020년 최종결산은 추정치임)

는 경우가 있다. 그렇다면 2019년과 2020년에 우리 정부는 국민에게 얼마나 세금을 잘 걷었을까?

2020년에 국세 수입 286조 원과 국세 외 수입 185조 원을 합쳐서 약 471조 원(추정치)의 국가 총수입이 발생했다. 전년도와 비슷한 수준의 세금이 걷힌 것으로 볼 때 코로나19가 세수에는 큰 영향을 주지 않은 것으로 해석할 수 있다. 이제부터 국세 수입에서 가장 중요한 비중을 차지하는 3대 세금인 소득세, 법인세, 부가가치세를 같이 살펴보자.

소득세

세금 하면 연상되는 건 주로 국세 수입이다. 이 중 우리에게 가장 익숙한 세금은 역시 국민 개개인에게 걷는 소득세다. 근로자라면 연말정산을 통해 국가에 낼 1년간의 세금이 최종 확정되며 세율구간은

6.6~49.9%(지방세 포함)다. 연봉 1억 원의 근로자라면 근로소득세로 약 1,300만 원, 국민연금과 건강보험료, 고용보험료 등으로 약 700만 원을 내고 나면 실수령액은 8,000만 원 내외가 될 것이다.

연봉 10억 원을 초과하는 경우 최고세율은 49.9%(지방세 포함)나 된다. 고소득자들은 그에 걸맞게 세금도 많이 낸다. 이런 소중한 세금들이 쌓이고 쌓여서 2020년 소득세 합계는 93조 원으로 전년 대비 11% 증가했다.

법인세

개인뿐만 아니라 법인에게도 세금을 걷어야 공평하다. 법인세율은 개인 소득세보다 저렴한 편으로 세율구간은 11~27.5%(지방세 포함)다. 개인 소득세와 마찬가지로 많이 버는 회사들이 많이 낸다. 삼성전자와 SK하이닉스의 2019년 법인세는 각각 10조 5,000억 원과 5조 1,000억 원이었다. 2019년 총 법인세 72조 원 중 이 두 개 회사 법인세 비율이 무려 22%다. 똘똘한 대기업 하나가 국가재정에 얼마나 도움이 되는지를 짐작할 수 있다. 2020년은 코로나19의 영향으로 전년보다 22% 감소한 56조 원의 법인세가 징수됐다.

부가가치세

부가가치세는 직접세가 아니라 간접세다. 우리가 물건을 살 때 자동으로 10%의 부가가치세가 포함된다. 우리한테 직접 받아 가지 않으니 잘 체감하기 어렵다. 하지만 간혹 고급 식당이나 호텔에서 부가

2020년 재정수지 현황

	2019년	2020년(추정치)	증감률
국가 총수입	473조 원	471조 원	0%
국가 총지출	485조 원	555조 원	14%
통합재정수지	△12조 원	△84조 원	600%
사회보장성 기금수지	42조 원	35조 원	△17%
관리재정수지	△54조 원	△119조 원	120%

(출처: 기획재정부, 『월간 재정 동향』, 2021년 1월호, 3월호)

가치세 10%를 별도로 부과할 때 부가가치세의 위력을 체감하게 된다. 2020년 부가가치세 총 합계액은 65조 원으로 전년 대비 8% 감소했다.

　이런 식으로 2020년에 국가가 걷은 세금의 총수입은 무려 471조 원으로 추정된다. 이렇게 세금을 걷었으니 국가는 굉장히 풍족해 보인다. 하지만 실상은 그렇지 않다. 연봉 1억 원의 직장인을 보면 겉으로는 풍족해 보이지만 이미 돈을 써야 할 곳이 대부분 정해져 있어 실제로는 남는 게 별로 없는 것과 별반 다르지 않다. 세금도 이미 대부분 쓸 곳이 정해져 있다. 2020년에 471조 원의 수입이 있었지만 555조 원(추정)을 지출했다. 번 돈보다 쓴 돈이 더 많은 셈이다. 재정수지를 산식으로 표현해보면 아래와 같다.

국가 총수입(471조 원) − 국가 총지출(555조 원) = 통합재정수지(△84조 원)

　2020년의 통합재정수지 적자가 무려 84조 원이라는 사실이 놀랍다. 국내총생산이 1,924조 원이니 국내총생산 대비 재정수지 적자 비율은 약 4.3%로 추정된다. 실질적인 재정 상황을 좀 더 정확하게 파악하려면 관리재정수지를 구해야 한다. 관리재정수지는 통합재정수지에서 국민연금기금, 교직원연금기금 등 사회보장성 기금수지를 제외한 수지를 말한다.

예를 들어 1990년생인 32세 직장인이 2021년에 납부한 국민연금은 먼 미래인 30년 뒤에야 실제 지출이 일어난다. 따라서 현재 시점에서 수지를 계산하면 엄청난 흑자로 숫자가 왜곡될 수 있다. 그래서 이런 사회보장성 기금수지를 제외하고 계산된 관리재정수지가 실질적인 재정상황을 보여주는 수지라고 할 수 있다.

통합재정수지(△84조 원) − 사회보장성 기금수지(35조 원) =
관리재정수지(△119조 원)

계산해보니 2020년 우리나라의 관리재정수지 적자가 무려 119조 원(추정치)에 달한다. 국내총생산 대비 관리재정수지 적자 비율이 약 6.2%로 추정된다. 이렇게 적자 규모가 큰 이유가 뭘까?

국가는 평소에 국가지출을 아껴서 균형재정을 이루기 위해 노력한다. 그런데 2020년의 코로나19 같은 전혀 예상치 못한 세계적인 재앙이 발생하면 곤경에 처한 국민을 지원하기 위해 지출이 대폭 늘어나면서 재정적자가 확대된다. 2020년에 시행된 재난지원금은 전 국민에게 직접 자금을 지원했다는 측면에서 상당히 이례적이라 할 수 있다. 그만큼 재정부담이 컸던 것도 사실이다.

재난지원금 규모

	지급일	지급금액	범위
1차 재난지원금	2020년 3월	14조 3,000억 원	전 국민
2차 재난지원금	2020년 9월	7조 8,000억 원	선별
2020년 합계	–	22조 1,000억 원	선별
3차 재난지원금	2021년 1월	9조 3,000억 원	선별
4차 재난지원금	2021년 3월	약 19조 5,000억 원	선별
5차 재난지원금(미정)	2021년 하반기(미정)	20조 원(미정)	전 국민(미정)
2021년 예상	–	약 50조 원(미정)	

　2020년에 국민에게 지급된 재난지원금은 무려 22조 원이다. 2021년에도 만만치 않은 재난지원금 지급이 예정돼 있다. 우리 정부가 재정을 너무 방만하게 운용하는 것일까? 이 문제를 국내에서만 비교하면 판단이 어렵다. 세계 각국의 대응책을 살펴보면 우리 정부가 과잉 대응하는지 아닌지를 판단할 수 있다.

　미국은 코로나19 관련 경기부양책으로 2020년에만 약 3,410조 원(3조 1,000억 달러)을 편성해 사용했다. 바이든 대통령 당선 이후인 2021년 3월에도 2,140조 원(1조 9,000억 달러)의 부양 법안을 통과시켰다. 이 부양책에는 미국 국민에게 1인당 최고 154만 원(1,400달러)의 현금을 지급하는 내용이 포함돼 있다.

　미국의 국내총생산은 우리의 13배 규모다. 우리나라의 2021년 예상 재난지원금 규모는 50조 원 수준이다. 미국은 3월에만 이미 우리의 40배가 넘는 2,140조 원의 부양책이 통과됐다. 우리 정부가 예산을 방만하게 쓰는 건 아니라는 사실을 명확히 확인할 수 있다. 코로나19로 인해 전 세계적인 재정위기는 제2차 세계대전 이후 전 세계 국가들의 공통된 재정위기라고 할 수 있다.

코로나19라는 역대급 전염병으로 인해 전 세계가 멈춰 서 있고 항공업, 여행업, 호텔업, 소매업 등 일부 업종의 경우 영업이 거의 중단된 비상 사태다. 이럴 때 정부는 과감하게 재정을 풀어 경기의 급격한 하락을 막으려 한다. 2020년에 미국, 일본, 독일 등 주요 선진국들은 막대한 재정을 풀었다.

다음 표를 살펴보자. 2020년 경제협력개발기구OECD 평균 재정적자율 추정치는 역대급인 −13.1%로 추정된다. 과거 제1, 2차 세계대전 시기를 제외하면 사상 유례없는 적자율이다. 우리나라 재정수지

주요 경제협력개발기구OECD 국내총생산 대비 재정적자율 추이(단위: %)

	2016년	2017년	2018년	2019년	2020년(추정)
영국	△3.3	△2.4	△2.2	△2.4	△16.7
캐나다	△0.5	△0.1	△0.4	△0.3	△15.6
미국	△5.4	△4.3	△6.3	△6.7	△15.4
이탈리아	△2.4	△2.4	△2.2	△1.6	△10.7
일본	△3.5	△2.9	△2.3	△2.6	△10.5
프랑스	△3.6	△3.0	△2.3	△3.0	△9.5
독일	1.2	1.4	1.8	1.5	△6.3
한국	△1.3	△1.0	△0.6	△2.8	△4.2
OECD평균	△3.0	△2.3	△2.8	△3.0	△13.1

(출처: 2016~2019년 경제협력개발기구 이코노믹 아웃룩 No.108, 2020.12)

는 어떨까? 우리도 전년 대비 재정적자 규모가 커지기는 했지만 다행히도 다른 나라에 비해 매우 양호한 모습이다. 2020년 경제협력개발기구 재정적자율 전체 평균이 -13.1%인데 비해 우리는 -4.2%로 미미한 수준이다.

세금은 잘 걷는 것도 중요하지만 잘 쓰는 것도 중요하다. 전 세계적인 전염병이 닥쳤을 때 국가는 행정적으로도 할 일이 많겠지만 재정적으로는 적시적소에 돈을 풀어줘야 한다. 어려운 상황일수록 과감하게 풀어야 한다. 어려울 때 돈을 움켜쥐고 있으면 경기회복의 불씨를 살리지 못하고 경기가 완전히 죽어버린다. 그래서 전 국민에게 재난지원금을 풀고 피해를 입은 자영업자들에게도 재난지원금을 풀고 백신을 구매해서 무료로 배포하는 것이다. 국가는 이런 활동을 통해 국민에게 걷었던 세금을 지출한다. 코로나19의 영향으로 우리 정부도 2021년 3월까지 4차례에 걸쳐 재난지원금을 풀었기 때문에 재정적자에 대한 우려가 크지만 실제로는 다른 나라들에 비해 상당히 양호한 편이다.

현재 선진국 중 재정수지가 가장 양호한 독일의 경우 제1차 세계대전에서 패배해 천문학적인 배상금을 승전국에 지급하는 과정에서 1923년에 최악의 초인플레이션으로 곤욕을 치렀던 경험이 있다. 그래서 재정수지만큼은 반드시 흑자재정을 유지해야 한다는 강박관념을 가지고 있다. 그런 독일마저도 최근 4년 연속의 재정수지 흑자가 2020년에는 적자로 전환돼서 우리보다 부진한 -6.3%의 재정적자율을 보이고 있다.

주요 경제협력개발기구OECD 국내총생산 대비 부채비율 추이(단위: %)

	2016년	2017년	2018년	2019년	2020년(추정)
일본	223	222	224	225	242
이탈리아	156	153	148	156	158
영국	120	117	114	117	145
미국	106	106	107	108	128
캐나다	98	95	94	94	122
프랑스	124	123	122	124	116
독일	77	73	70	68	74
한국	41	40	40	42	44
경제협력개발기구 평균	112	110	109	110	126

(출처: 2016~2019년 경제협력개발기구 이코노믹 아웃룩 No.108, 2020.12)

재정수지의 건실함은 국내총생산 대비 부채비율로 평가하는 경우가 많다. 선진국 중에서도 재정수지가 불안한 국가들이 있다. 대표적으로 부채비율이 높은 국가는 일본으로 무려 242%로 추정된다. 미국도 128%로 높은 편이다. 그렇다고 해서 미국의 달러화나 일본의 엔화를 믿을 수 없어 하지는 않는다. 달러는 기축통화이고 일본의 엔화도 국제적으로 인정받고 있기 때문이다.

우리의 부채비율은 44% 수준으로 일반적인 우려와 달리 매우 낮은 편이다. 외환보유고도 2020년말 기준 4,431억 달러(487조 원)로 상당히 많은 양의 달러를 보유하고 있다. 결론적으로 현재 시점에서 다른 나라들과 재정 건전성과 안정성 등을 비교해 보면 우리나라는 상대적으로 안정감이 있다.

국가 채무(중앙정부)

	2019년 말	2020년 11월 말	증가액	증가율
중앙정부 채무액	699조 원	826조 원	127조 원	18%

(출처: 기획재정부, 『월간 재정 동향』, 2021년 3월호, 2020년 최종결산 미확정)

하지만 여기서 생각해봐야 될 문제가 있다. 우리나라 국민들의 평균연령은 현재 경제협력개발기구 회원국 중 6번째로 어리다. 하지만 2060년이 되면 평균연령이 가장 높은 나라가 된다. 출산율이 0.8에도 못 미치는데 노령화는 가속화되기 때문이다.

인구 노령화가 빠르게 진행될 경우 국민연금, 노인연금, 의료비 등이 급증할 것으로 예상된다. 시간이 지날수록 비용이 증가할 것은 불을 보듯 뻔하므로 지금 당장 부채비율이 높지 않다고 안심할 수 있는 상황이 아니다. 하지만 노령화로 인한 비용증가는 아직 먼 훗날의 얘기다. 지금 당장의 문제는 아니기 때문에 코로나19로 심각한 국민들의 현재 어려움을 외면할 수는 없다.

그런데 이렇게 큰 폭의 재정적자가 발생하면 정부는 어디서 돈을 조달할까? 정부의 부채는 무한대로 늘어날 수 있을까? 2020년에 관리재정수지는 무려 −119조 원이 적자였다. 재정수지에서 적자가 발생하면 정부는 도대체 어떻게 적자를 메울까? 일단 정부는 적자 국채를 발행해서 자금을 조달한다. 2020년에 정부 부채는 127조 원이 증가했다. 그 결과 2020년 11월 기준 정부의 총 부채액은 전년 대비 18%가 증가한 826조 원에 이른다.

독자들은 이 막대한 부채 규모를 보고 많은 생각에 잠길 듯하다.

하지만 그리 걱정할 필요는 없다. 절대 금액이 작은 건 아니지만 아직 우리나라 재정은 다른 나라들에 비해 상대적으로 넉넉한 편이다. 그래서 환율도 안정적이다.

우리 정부가 먼 미래에 발생할 재정적자를 해결하기 위해서는 세금을 올려야 한다. 하지만 세금을 올리는 건 쉬운 일이 아니다. 만약 당신의 연봉이 1억 원이라고 생각해보자. 지금도 실수령액이 8,000만 원 미만일 텐데 1,000만 원의 소득세를 더 걷겠다고 하면 받아들일 수 있겠는가? 법인세 또한 마찬가지다.

세금을 올리지 못하면 결국 남는 건 적자 국채를 발행하는 방법밖에 없다. 적자 국채가 늘어날수록 원화의 화폐 가치도 하락할 것이다. 코로나19는 지금 전 세계 모든 국가의 재정을 비상 상황으로 몰아가고 있다. 여기에 대한 대안은 뭘까? 필자는 비트코인이 그 해답이 될 수 있다고 생각한다.

참고문헌

서영만 외, 한국은행 70(한국경제의 발전과 한국은행), 한국은행, 2020년

L.랜덜 레이, 균형재정론은 틀렸다, 책담, 2017년

밀턴 프리드먼, 화폐경제학, 한국경제신문, 2020년

홍익희, 돈의 인문학, 가나출판사, 2020년

제임스 리카즈, 금의 미래, 해의 시간, 2020년

홍춘욱, 50대 사건으로 보는 돈의 역사, 로크미디어, 2019년

김진화, NEXT MONEY 비트코인, 부키, 2013년

하노 벡 외, 인플레이션, 다산북스, 2017년

미쉬킨, 미쉬킨의 화폐와 금융, 퍼스트북, 2017년

박종훈, 부의 골든타임, 인플루엔셜, 2020년

홍익희·홍기대, 화폐혁명, 앳워크, 2018년

오건영, 앞으로 3년 경제전쟁의 미래, 지식노마드, 2019년

폴 볼커 외, 달러의 부활, 어바웃어북, 2020년

쑹훙빙, 화폐전쟁1, 알에치코리아, 2020년

김이한 외, 화폐이야기, 부키, 2013년

과학기술정보통신부 한국인터넷진흥원(이준호, 표철민, 전명산, 정수호, 한대훈, 한중섭), 블록체인 기반 혁신금융 생태계 연구보고서(2021. 1. 29)

당신의 포트폴리오에 비트코인을 담아라

초판 1쇄 인쇄 2021년 4월 2일
초판 1쇄 발행 2021년 5월 6일

지은이 한태봉
펴낸이 안현주

기획 류재운 **편집** 안선영 **마케팅** 안현영
디자인 표지 최승협 본문 장덕종

펴낸 곳 클라우드나인   **출판등록** 2013년 12월 12일(제2013 – 101호)
주소 우) 03993 서울시 마포구 월드컵북로 4길 82(동교동) 신흥빌딩 3층
전화 02 – 332 – 8939   **팩스** 02 – 6008 – 8938
이메일 c9book@naver.com

값 17,000원
ISBN 979 – 11 – 91334 – 13 – 5 03320